W0052024

Waage

24.9.–23.10.

Waage

P. Michel
A. Wagner

24.9.–23.10.

tosa

Inhalt

Vorwort

Wenn Sie jetzt dieses Buch in Händen halten, so sind Sie höchstwahrscheinlich eine Waage oder zumindest am Sternzeichen Waage interessiert. Vielleicht leben Sie in einer temperamentvollen Beziehung mit einer Waage oder möglicherweise ist Ihr Chef eine. Zumindest möchten Sie etwas mehr über dieses Sternzeichen erfahren.

Es ist immer eine spannende Angelegenheit, etwas über sich selbst oder eine andere Waage zu erfahren. Die nachfolgenden Seiten wollen Ihnen einen Gesamtüberblick über die vielfältigen Seiten der Waage vermitteln. Wenn Sie selbst eine solche sind, haben Sie sich wahrscheinlich ohnehin schon über das Inhaltsverzeichnis mit dem Buch vertraut gemacht. Trotzdem sollte das Buch bei der Lektüre noch einige Überraschungen für Sie bereithalten. Vielleicht wird es Sie auch das eine oder andere Mal zum Schmunzeln bringen. Das ist so beabsichtigt!

Das Sternzeichen eines Menschen zeigt uns dessen bestimmte Merkmale auf, es kann allerdings kein vollständiges Bild einer Persönlichkeit liefern. Dazu bedarf es eines umfassenden Horoskops.

Es wird Ihnen sicher schon aufgefallen sein, dass es auch innerhalb eines Sternzeichens unterschiedliche Menschen gibt. Das zeigt uns, dass man nicht alle Widder, Stiere oder Jungfrauen über einen Kamm scheren kann. Trotzdem lassen sich viele verblüffende Ähnlichkeiten feststellen, die viel zu eindeutig sind, um als Zufall erklärt zu werden. Bestimmte Muster kehren innerhalb eines Sternzeichens immer wieder. Deshalb lohnt es sich, etwas mehr über die verschiedenen Aspekte eines Sternzeichens zu erfahren. Wenden wir uns also der geheimnisvollen Welt der Waage zu.

Einleitung

Gehören auch Sie zu jenen Menschen, die zwar ihren Freunden und Kollegen gegenüber stets betonen, nichts von dieser „Sterndeuterei" zu halten, aber heimlich doch fast jedes Illustriertenhoroskop lesen? Natürlich nur zum Spaß!

Wir vermuten einmal, Sie haben ein gewisses Interesse an der Astrologie, kennen sich aber noch nicht sehr gut aus. Daher sind die nachstehenden Gedanken über die Wissenschaft der Astrologie für Sie vielleicht hilfreich, um Ihnen zumindest Grundkenntnisse der alten Sternenweisheit zu vermitteln. Außerdem versprechen wir Ihnen mehr Freude am Lesen als bei den etwas eintönigen Zeitschriften-Horoskopen!

Wenn Sie zu den Befürwortern der Astrologie gehören – und ihre Zahl nimmt bekanntlich ständig zu –, werden Sie mit diesem Buch endlich genügend Argumente in die Hand bekommen, um Ihren Freunden und Kollegen zu beweisen, warum sich die Waage-Frau aus der Buchhaltung und der Widder-Abteilungsleiter so in die Haare geraten konnten.

Das Grundwissen

Normalerweise weiß jeder Mensch, zu welchem Sternzeichen er gehört. Das Tierkreiszeichen richtet sich nach dem Stand der Sonne zum Zeitpunkt Ihrer

Geburt. Wenn Sie also beispielsweise am 10. März geboren sind, gehören Sie, astrologisch gesprochen, zu den Fischen. Denn an diesem Tag stand die Sonne im Zeichen der Fische. Wurden Sie dagegen am 10. Oktober geboren, sind Sie astrologisch eine Waage. Sie finden normalerweise ganz schnell heraus, zu welchem Zeichen Sie gehören, es sei denn, Sie fallen genau in den Wechsel zwischen zwei Zeichen. Dann kann es von Bedeutung sein, Ihre Geburtsstunde genau zu ermitteln und einen Astrologen oder das Internet zu befragen, zu welchem Zeichen Sie gehören.

Der Sonnenstand, also Ihr Sternzeichen, gibt Ihnen Auskunft darüber, wie Sie „in Ihrem Inneren" wirklich sind. Die Astrologie, wenn sie ernsthaft betrieben wird, vermag natürlich weitaus mehr über die Persönlichkeit eines Menschen auszusagen, aber wir wollen es in diesem Buch einmal beim Sonnenstand, dem Sternzeichen und dem Stand des Mondes bewenden lassen. Als Hinweis für die etwas Fortgeschritteneren unter den Lesern sei nur erwähnt, dass der „Aszendent" zum Ausdruck bringt, wie Sie der Umwelt gegenüber erscheinen, während die Stellung des Mondes, auf die wir im Kapitel 8 näher eingehen, im Horoskop wesentlich für Ihr Seelenleben und Ihre Gefühlswelt ist.

Es ist keine große Mühe, den Aszendenten und die Stellung des Mondes im Horoskop zu ermitteln. Diese Daten erfahren Sie aus dem Internet in Sekundenschnelle, wenn Sie Ihr Geburtsdatum und Ihren Geburtsort entsprechend eingeben. Mit unserer Sternzeichen-Serie haben Sie dann das Werkzeug in der Hand, um mehr über sich selbst zu erfahren.

Die Geschichte der Astrologie

Das Wort „Astrologie" setzt sich aus den beiden griechischen Wörtern *Astron* (Stern) und *Logos* (Wort, Weisheit) zusammen. Wenn man es wörtlich übersetzen möchte, könnte man von der „Sprache der Sterne" oder besser von der „Sternenweisheit" sprechen.

Das wichtigste Grundwerkzeug für die Astrologie ist das Horoskop, ein weiteres Wort aus dem Griechischen, das am treffendsten mit „Stundenzeiger" übersetzt wird. Im Horoskop wird nach astronomischen Grundsätzen die Stellung der Gestirne im Augenblick der Geburt aufgezeichnet. Da es einige schnell laufende Planeten gibt, können manchmal wenige Minuten ein deutlich verändertes Horoskop ergeben. Es ist daher für eine eindeutige astrologische Deutung wichtig, möglichst genau die Geburtszeit zu ermitteln. Sollten Sie also demnächst Nachwuchs bekommen, versuchen Sie auch in der Aufregung der Geburt mit einem Auge auf die Uhr zu schauen. Sie werden später dafür dankbar sein – und Ihr Kind selbstverständlich auch!

Die Ursprünge

Die Anfänge der Astrologie verlieren sich im Dunkel der Geschichte. Zu allen Zeiten hat das sternenübersäte Himmelszelt die Menschen mit Ehrfurcht erfüllt. Viele Religionen haben sogar Gott oder die Götter am Sternenhimmel angesiedelt, denn die Menschen suchten stets nach einem „sichtbaren" Ausdruck dieser verborgenen Kräfte, von deren Wirken sie nichts wussten.

Die Babylonier, etwa im 4. Jahrtausend v. Chr., scheinen die Ersten gewesen zu sein, die sich die Frage stellten, ob die Bewegung der Gestirne möglicherweise eine verborgene Botschaft der Götter sein könnte. Also begannen sie, die Bewegung der Lichter am Sternenhimmel aufzuzeichnen – und sie stellten eine gewisse Regelmäßigkeit fest. Was lag also näher, als die Gesetzmäßigkeiten festzuhalten. So entstand der erste Kalender!

Die Ägypter, von deren tiefem Wissen heute nur noch die Pyramiden und einige alte Tempelruinen Zeugnis ablegen, waren historisch die Nächsten, etwa 2500 v. Chr., die sich in die Deutung der Gestirne vertieften. Sie kleideten ihr Wissen in Mythen und Sagen, aber die eingeweihten Priester vermochten diese zu deuten und ihren tiefen Sinn zu entschlüsseln. Zu jener Zeit war das astrologische Wissen nur wenigen Eingeweihten vorbehalten.

Wenn C. G. Jung, der große Psychologe, später diese Sternenweisheit als den „symbolischen Ausdruck für das innere, unbewusste Drama der Seele" bezeichnete, so fand er nur neue Worte für ein altes Wissen.

Nach den Ägyptern kamen die Griechen. Auch sie versuchten, die Beobachtung des Sternenhimmels zum Erkennen des Schicksals heranzuziehen. Die große griechische Kultur gab der Astrologie, wie auch der gesamten abendländischen Kultur, ihre im Wesentlichen heute noch gültige Form. Sie befinden sich also, wenn Sie die Astrologie ernst nehmen, in bester Gesellschaft!

Die Geburtsastrologie

Die Griechen waren es, die erkannten, dass auch die unregelmäßigen Vorgänge am Sternenhimmel, die scheinbar „unberechenbaren" Bewegungen der Gestirne, die den Babyloniern als „Omen" gegolten hatten, bestimmten Gesetzmäßigkeiten gehorchten und daher vorausberechenbar waren. Von diesem Augenblick an verlor die Anschauung, dass die Götter den Menschen so ein Zeichen geben wollten, ihre Anhänger. Die alten Sterndeuter begannen, eine individuelle Geburtsastrologie zu entwickeln.

Wichtig für das Verständnis der modernen Astrologie wurde in diesem Zusammenhang ein Satz von Thomas von Aquin: *„Die Sterne machen geneigt, aber sie zwingen nicht!"* Diese Erkenntnis setzte sich in weiten Kreisen allmählich durch und findet auch heute immer mehr Anhänger. Damit wird für den einzelnen Menschen deutlich, welche Bedeutung das astrologische Wissen für ihn besitzt. Es hilft ihm, Anlagen, Neigungen, Begabungen oder Talente zu erkennen und zu fördern. Gleichzeitig kann ihn die Astrologie auf Schwächen, Gefährdungen oder problematische Neigungen hinweisen. Immer aber bleibt es in der Verantwortung des einzelnen Menschen, sein Leben selbst in die Hand zu nehmen!

Die Tierkreiszeichen im Laufe eines Jahres

Der Widder, das erste Zeichen im Tierkreis, steht
für den drangvollen, stürmischen Beginn des Früh-
lings. Da mit der Frühlings-Tagundnachtgleiche etwas
Neues beginnt, setzten die Astrologen der Antike den
Widder an die erste Stelle im Tierkreis. Der Winter
wird kraftvoll vertrieben. Alles kommt natürlich viel
zu früh. Die Krokusse stecken schon ihre Köpfchen
durch die Erde, wenn noch Schneeflocken durch die
Luft wirbeln. Aber so ist es ja immer beim Widder. Er
ist nicht zu bremsen, und schließlich überwindet er ja
auch Schnee und Eis und verhilft dem Frühling zum
Durchbruch.

Dann kommt der Stier und bringt den Frühling in
voller Pracht zum Ausdruck. Der „Wonnemonat" Mai
beginnt. Es ist eine Zeit der Sinnlichkeit und der Hingabe. Menschen vertrauen einander, sind gutmütiger
als normal; aber sie sind auch stärker materiell ausgerichtet. Alles wird etwas gelassener und langsamer.

Als Letzte im Frühling treffen wir die Zwillinge. Mit
ihnen geht der maienhafte Frühling und die Baum-
blüte setzt ein. Die Verästelungen bilden sich und alles
wird komplizierter. Die Zwillinge bringen zum Wachs-
tum aber auch Zergliederung und Oberflächlichkeit.

Der Krebs kommt mit der Sommersonnenwende. Der Sommer beginnt. Die Tage sind am längsten, die Nächte nur kurz. Die Wachstumskräfte treten nach außen und die Samenbildung beginnt. Die Empfindsamkeit und die Empfindlichkeit nehmen zu, aber auch die Empfänglichkeit und das Schwankende. All dies werden Sie beim Sternzeichen Krebs wiederfinden!

Den Löwen finden wir in der Mitte des Sommers. Die Früchte werden reif und die Sonne durchglüht die Erde. Es ist die heißeste Zeit des Jahres und die Natur erstrahlt in sommerlicher Fülle. Herzens- und Willensmenschen sind jetzt in ihrem Element. Alles strotzt vor Selbstbewusstsein, Großzügigkeit und überschäumender Lebenskraft.

Mit der Jungfrau geht der Sommer zur Neige. Der Himmel ist strahlend klar und blau. Die Erntezeit beginnt. Die Natur stellt sich auf den Anfang eines neuen Lebenszyklus ein. Jetzt geht es um das Ordnen, Sichten und Unterscheiden. Eine sachliche Einstellung ist wichtig, um die Ernte wohlbehalten einzubringen. Es ist von entscheidender Bedeutung, vorsichtig vorzugehen. Man darf nicht zu früh und nicht zu spät ernten. In diesem Geschehen kann eine gewisse Ängstlichkeit heranwachsen.

Mit der Waage beginnt der Herbst. Tage und Nächte sind gleich lang. Die Winterhälfte des Jahres hält ihren Einzug. Noch halten sich sommerliche Wärme und winterliche Kälte das Gleichgewicht, und noch immer ist der Himmel hell und freundlich. Die Waage bringt zudem eine wahre Blumenpracht mit sich. Die Sonnenuntergänge zeigen ein herrliches Lichtspiel, und das Streben nach Harmonie ist besonders ausgeprägt. Ein großer Schaffensdrang steht in Konflikt mit mangelnder Durchsetzungskraft. Dafür finden wir bei der Waage ein feines Anpassungsvermögen.

Der Skorpion ist der „Todesmonat". Er bringt steigende Morgen- und Abendnebel. Das letzte Laub fällt von den Bäumen. Der Skorpion hinterlässt kahle Bäume; aber dennoch zeigen sich an einigen Ästen bereits wieder zarte Knospen. Es ist eine Zeit des Sterbens und Werdens. Der Skorpion ist zäh und ausdauernd. Er bringt alle Dinge schnell auf den Punkt. Bei ihm finden sich offene Aggressivität und leidenschaftliche Hingabe sowie ein grüblerischer Erkenntnistrieb.

Mit dem Schützen neigt sich der Herbst dem Ende zu. Der Winter sendet seine Vorboten über das Land. Der Todesschlaf der Natur kündigt sich bereits an. Die Dämmerungen bringen eine gewisse Schwermütigkeit; aber die Vorweihnachtszeit schenkt etwas Licht. Die Felder sind kahl und verlassen, die Beete abgeerntet und die Gärten leer. Die Stimmung des Schützen ist jedoch voller Idealismus, und deshalb haben es wohltätige Veranstaltungen in der Adventszeit leichter! Religion und Sinnsuche streben ihrem Höhepunkt zu.

Der Steinbock bringt das Weihnachtsfest und die Wintersonnenwende. Die längsten Nächte des Jahres sind zu überstehen. Das Licht kämpft mit der Finsternis, um neu ins Leben zu treten. In der Natur herrscht völlige Lebensstarre. Die Welt ist von Eis und Schnee bedeckt. Die Luft ist schneidend und klirrend kalt. Der Steinbock kämpft sich jedoch mit unermüdlicher Beharrlichkeit durch. Wir finden zudem Entsagung, Konzentrationsfähigkeit und Sachlichkeit bei ihm, die allerdings mit Teilnahmslosigkeit und Hochmut einhergehen können.

Den Wassermann hat der Winter voll im Griff. Alles Leben ist unter Schnee und Eis verborgen. Am Tage kann die Wintersonne hell blenden, in der Nacht sind die Sterne klar zu erkennen. Es ist die kälteste Zeit des Jahres. Die weiße Schneedecke vermittelt ein Gefühl von Freiheit und Unbegrenztheit. Dem Wassermann sind gesellschaftliche Normen unwichtig; er lebt seinen totalen Freiheitstrieb.

Im Zeichen der Fische geht der Winter in den Frühling über. Die Fastenzeit beginnt und die Schneeschmelze setzt ein. Alles Erstarrte löst sich und alles Tote wird zu neuem Leben erweckt. Der Erdboden weicht auf und der menschliche Körper wird verwandelt. Im Zeichen der Fische kommt es auch zu den meisten Todesfällen! Die Fische neigen zudem zu einer Flucht aus der realen Welt. Unter den Fischen finden wir allerdings auch viele Gemütsmenschen mit echter Nächstenliebe.

Damit ist unsere kurze Wanderung durch die Tierkreiszeichen abgeschlossen und wir können uns jetzt genauer mit dem siebten Zeichen beschäftigen – der Waage.

Grundsätzliches über die Waage

Die Waage im Tierkreis

Das Zeichen

Die Waage ist ein Luft-Zeichen. Sie ist das siebte Zeichen im Tierkreis und erstreckt sich im Kalenderjahr vom 24. September bis zum 23. Oktober.

Das Zeichen und der Planet

Der Waage wird der Planet Venus zugeordnet, benannt nach der römischen Göttin der Liebe.

Das Zeichen, Edelsteine und Metalle

Der Waage werden der Saphir und das Metall Kupfer zugeordnet. Oft wird Kupfer auch durch Bronze ersetzt.

Das Zeichen und seine Farbe

Für die Waage werden zwei dominante Farbtöne genannt, um bereits hier die „Ausgewogenheit" anzudeuten. Es handelt sich um Blassblau und Pink.

Das Zeichen und seine Tiere

Die Waage ist das Zeichen der Reptilien. Insbesondere werden ihr Eidechsen und kleine Kriechtiere zugeordnet.

Die diplomatische Waage

Immer auf der Suche nach dem Gleichgewicht

Bei den Waagen haben wir es mit Vertretern des Tierkreises zu tun, die nicht selten ihr Leben damit verbringen, um eine harmonische Ausgeglichenheit herzustellen. Wenn eine Waage fühlt, dass bestimmte Dinge nicht mehr „im Lot" sind, wird sie sich bemühen, wieder ein Gleichgewicht zu schaffen.

Waagen sind eher theoretisch veranlagt und häufig von großen Idealen bestimmt. Diese Ideale prägen ihr Leben in entscheidendem Maße, obwohl es ihnen selten gelingt, die hohen idealistischen Vorgaben zu erreichen.

Auf der Suche nach Schönheit

Jede Waage wird über eine klare Theorie verfügen, wie ihr Leben auszusehen hätte. Zumindest aber hat sie klare Vorstellungen. Grundlegend für dieses innere Konzept wird dabei die Ausrichtung auf Schönheit und Vollkommenheit sein. Die Waage ist von besonderer Schönheit im Sternkreis.

Wie kein anderes Zeichen verkörpert sie in sich diesen Wunsch nach Schönheit und Ästhetik. Dies kann nicht sehr verwundern, schließlich ist ihr herrschender Planet die Venus.

Der Diplomat

Die Waage lebt in einer Welt aus Schönheit und Liebe, allerdings meist nur aus abstrakter Sicht. In dieser Welt versucht sie, ein Gleichgewicht der Werte herzustellen.

Die beiden Waagschalen, die symbolisch für dieses Sternzeichen stehen, dürfen nicht zu weit auseinanderklaffen. Sobald der Waage hier ein Missverhältnis begegnet, wird sie versuchen, dieses auszugleichen.

Dies ist einer der Gründe, weshalb man die Waage „den Diplomaten" unter den Mitgliedern der Tierkreisfamilie genannt hat.

Der Schöngeist

Die Waage steht als Symbol für die schönen Künste. Unter diesem Sternzeichen findet man selten Geschöpfe, die als „ungehobelte Vertreter" gelten können. Viel eher zählen die im Zeichen der Waage Geborenen zu den ausgeprägten Ästheten und Schöngeistern.

Diese Menschen suchen nach Harmonie und Einklang und die Welt, in der sie leben, wird von großer Stilistik und Schönheit geprägt sein.

Die faire Waage

Waagen spielen praktisch nie mit gezinkten Karten. Sie sind von großer Aufrichtigkeit geprägt. Außerdem schreiben die Waagen Begriffe wie Fairness und Ausgewogenheit groß und sind ständig mit intensivem Einsatz bemüht, diese Ideale zu verwirklichen.

Leider lässt sich dieser Idealzustand oft nur im Denken der Waage realisieren; denn im „wirklichen Leben", das geprägt ist von einer Fülle der vielfältigsten, widerstrebendsten Charaktere, lässt sich das innere Ideal der Waage nur selten umsetzen.

Die geschickte Waage

Waagen sind auch dann besonders geschickte Diplomaten, wenn es um die Kleinigkeiten des alltäglichen Lebens geht. Es gelingt ihnen in brillanter Weise, andere Menschen um Rat zu fragen und ihnen auch das deutliche Gefühl zu vermitteln, um Rat gefragt worden zu sein, aber am Ende doch das zu tun, was sie selbst wollen.

Nur die Waage beherrscht diese Technik so meisterhaft, dass ihren Mitmenschen nicht einmal auffällt, dass sie sich so verhält. Sie glauben weiterhin, die Waage hätte eigentlich nur ihre Ratschläge befolgt.

 Irren ist bekanntlich menschlich!

Die schmeichelnde Waage

Waagen sind Experten im reichlichen Verteilen von Komplimenten. Geschickt, wie diese geborenen Diplomaten nun einmal sind, werden ihnen ihre Komplimente auch unbesehen abgenommen. Von kritischen Geistern haben Waagen schon manchmal das Etikett des „Schmeichlers" angeklebt bekommen; andere wiederum lieben es, von den Waagen hofiert zu werden.

Im Grunde meinen die Waagen ihre Komplimente auch ernst, denn zum einen ist es für die Waage überaus bedeutsam, allseits beliebt zu sein, zum anderen versucht sie tatsächlich, in allen Situationen und Lebensumständen das Schöne im Menschen zu sehen.

Die schwankende Waage

Bei der Waage zeigt sich wieder einmal ganz deutlich, dass in vielen Fällen die Wahrheit im Auge des Betrachters liegt.

Für manche Menschen ist die Waage ein wankelmütiges Wesen, das heute so und morgen so spricht. Sie gilt ihnen als Wesen ohne Rückgrat, das seine Fahne nach dem Wind hängt.

Wohlwollende Betrachter gestehen der Waage dagegen zu, in großer Objektivität und Sachlichkeit versucht zu haben, einen Ausgleich zwischen verschiedenen Blickwinkeln herzustellen.

Auf keinen Fall sollte man daher eine Waage leichtfertig ungerecht beurteilen.

Die beiden Pole

Zwischen der Gedankenwelt der Waage und ihrem Gefühlsleben spannt sich ein Abgrund, wie er in dieser Form nicht häufig im Sternkreis zu finden ist.

In ihren Gedanken wird die Waage bestimmt von großen Vorstellungen über das Leben und die Verwirklichung dieser Konzepte auf perfekte Weise.

In ihrem Gefühlsleben dagegen ist die Waage oft sehr einfach und manchmal geradezu von einer fast kindlichen Naivität. Hier will sie nur in Harmonie leben und sonst nichts. Vielleicht wäre es auch zu viel, die Idealisierungen der Gedankenwelt auch noch im Gefühlsleben verwirklichen zu wollen?

Die taktvolle Waage

Die Waage tritt in der Regel formvollendet, höflich und mit besten Manieren auf. Waagen zählt man daher zu den taktvollsten Vertretern des Tierkreises. Jegliche Form von grobem Verhalten, lautem Auftreten und schrillen Umgangstönen sind Waagen völlig fremd.

In ihrem Bemühen, diesen Lebensstil in ihrem Leben perfekt zum Ausdruck zu bringen, sind sie ständig bemüht, ihr Umfeld und ihre Lebenswelt von groben Einflüssen freizuhalten.

Die Waage und die anderen

Waagen sind keine Einzelgänger, sondern eher auf das „Du" ausgerichtet. Sie neigen zu Geselligkeit und versuchen auf diese Weise, sich selbst durch die Augen anderer Menschen zu sehen. In ihnen herrscht der starke Wunsch vor, bei anderen beliebt zu sein, weshalb die Tendenz, die Mitmenschen und die gesellige Gemeinschaft zu suchen, noch verstärkt wird.

Waagen kennen dazu durchaus die Angst, allein in der Welt zu stehen. Eine Vorstellung, die für sie mit großen Fragezeichen versehen ist.

Die Suche nach dem eigenen Standpunkt

Waagen, denen die eigene Mitte fehlt, mangelt es oft an Standfestigkeit. Daher sind unter diesem Sternzeichen eine Reihe von labilen Charakteren zu finden, die sich noch auf der Suche nach dem eigenen Standpunkt befinden.

Menschen, die derart unsicher auf ihrem Lebensweg sind, können von dominanten Personen leicht beeinflusst werden. Wenn die Waage dies später bemerkt, kann es ihre Unsicherheit eher noch verstärken.

Durch den starken Impuls, beliebt zu sein, sind einige Waagen auch zu sehr damit beschäftigt, sich auf andere einzustellen, anstatt den eigenen Wesenskern zu ergründen.

Die elegante Waage

Eine schlampige Waage, die ein ungepflegtes Erscheinungsbild abgibt, muss man mit der Lupe suchen. Waagen achten mit großer Sorgfalt auf ihr äußeres Erscheinungsbild. Bei diesem Sternzeichen zeigen sich die wahren Ästheten!

Waagen werden allerdings niemals schrill daherkommen – das wäre ja auch gänzlich „undiplomatisch" – sondern unauffällig, aber modisch elegant.

Sie können eine Waage zu jedem Anlass einladen, sie wird immer passend gekleidet und mit höchster Eleganz erscheinen.

Die kulturelle Waage

Kein gesellschaftlich bedeutendes Ereignis ohne eine große Beteiligung der Waagen. Mögen sich andere Sternzeichen eher häuslich und zurückhaltend geben, die Waage sucht die kulturellen Ereignisse und die gesellschaftlichen „Highlights".

Dabei kann die Palette vom Filmball über die lokalen Kulturtage bis zum Pferderennen reichen. Hauptsache es ist interessant und von gesellschaftlichem Belang.

„Sehen und gesehen werden"
könnte das Motto der Waage lauten.
Aber natürlich niemals aufdringlich!

Die Waage und ihre Mitmenschen

Waagen und ihre Freunde

Einzelgänger wird man bei den Waagen nur ganz selten finden! Waagen benötigen ihre guten Freunde und zahlreichen Bekannten wie das tägliche Brot. Sie würden allein völlig vereinsamen und verkümmern. Im vertrauten Freundeskreis hat die Waage das Gefühl, verstanden zu werden. Hier weiß sie sich zu Hause. Die Freundlichkeiten und die Harmonie dieser Lebenswelt schenken ihr eine Empfindung von Geborgenheit und Liebe.

Das sichere Auftreten

Wenn eine Waage in der Öffentlichkeit erscheint, so vermittelt sie anderen Menschen zumeist ein Gefühl von Selbstsicherheit. Waagen scheinen jede Situation ohne Mühe vollständig im Griff zu haben. Aber der Schein trügt!

Menschen, die im Sternzeichen der Waage geboren wurden, sind selten so stabil, wie sie auf den ersten Blick wirken. Sie benötigen eine freundliche und harmonische Umgebung, um sich wirklich sicher zu fühlen und innerlich frei zu werden.

Freundschaft über alles

Die Waagen, für die das „Du" so überaus wichtig ist, um sich selbst zu verstehen, sind ständig auf der Suche nach neuen Freundschaften. Jede neue Freundschaft oder Bekanntschaft schenkt der Waage ja gleichzeitig auch einen neuen Blickwinkel auf sich selbst.

Die Waage ist daher das klassische Zeichen für Begegnung und Austausch, für Dialog und Ausgleich.

Ein charmanter Schlendrian

Man muss eine Waage nicht sehr lange kennen, sondern wird relativ schnell bemerken, dass viele von diesen Sternenkindern mit charmanter Unpünktlichkeit erscheinen. Da heißt es nach zweistündiger Wartezeit: „Bist du schon lange da?" Und diese „ungebührliche" Frage wird vom unwiderstehlichsten Lächeln untermalt!

In manchen Fällen wird die Unpünktlichkeit dann auch noch durch Unordentlichkeit ergänzt, die man diesen Waagen zudem nur schwer abgewöhnen kann. Sie sind nun einmal so, wie sie sind!

Sie sollten sich also damit abfinden, dass ein ausgeliehenes Buch schon einmal ein paar hässliche Kaffeeflecken aufweist oder eine paar unschöne Eselsohren.

Versuchen Sie besser gar nicht, Ihre Einwände oder Beschwerden vorzubringen. Ihre Waage wird Ihnen charmant zu erklären wissen, was es mit diesen „Kleinigkeiten" auf sich hat. Es könnte höchstens geschehen, dass der Humor, den die Waage in ihrem „Erklärungsnotstand" entfaltet, Sie zu einem Lachanfall reizt.

Die wankelmütige Waage

Man sollte Waagen nie in Situationen bringen, in denen sie vor die Wahl gestellt sind, Entscheidungen für die eine oder die andere Seite zu fällen. Solche Entscheidungssituationen sind ihnen äußerst unsympathisch, konfrontieren sie sie doch mit ihrem zentralen Schwachpunkt – ihrer Entscheidungsschwäche.

Wie können sich Waagen entscheiden, wenn sie doch allen Seiten etwas abgewinnen können. So versuchen sie, allen Entscheidungssituationen aus dem Weg zu gehen. Sie warten häufig darauf, dass etwas geschieht, was sie aus ihrer Zwangslage erlöst; denn die Waage, mit ihrem ständigen Wankelmut, lässt sich selten auf eine Entscheidung für eine Seite ein.

Nur nicht drängeln

Ihre Entscheidungsschwäche führt konsequenterweise dazu, dass Waagen es ablehnen, sich in irgendeiner Weise zu etwas drängen zu lassen. Stattdessen werden sie ihrer eigenen Zeitplanung folgen und systematisch vorgehen. Bis ihnen alle erwünschten Daten vorliegen. Dann muss es jedoch seitens der Waagen noch lange nicht zu einer Entscheidung kommen, sondern sie sind nicht unglücklich – vor allem wenn es um unangenehme Dinge geht –, wenn sie ihnen von jemand anders abgenommen werden.

Sie lieben die Harmonie und weichen allen störenden Impulsen oder Konfliktsituationen mit meisterlichem Geschick aus.

Über sich selbst lachen

Waagen lachen sehr gerne, vor allem über die witzigen oder komischen Situationen der anderen. In ihrem idealistischen Überschwang bemerken sie die eigenen kleinen Schwächen überhaupt nicht. Für sie könnte manchmal der alte Spruch gelten: „Bevor du den Splitter im Auge deines Nachbarn beachtest, entferne zuerst den Balken aus deinem eigenen."

 Ein guter Rat an die Waagen wäre es daher, öfter einmal über sich selbst zu lachen!

Zynismus als Schwäche

So manche Waage reagiert auf die eigenen Schwächen, die ihr vor Augen geführt werden, mit Zynismus. Diese Reaktion führt zu einer gewissen Distanz zu anderen Menschen und lässt sie unnahbar wirken.

Hinter solchen Reaktionen versteckt sich meistens ein erhebliches Maß an Unsicherheit. Waagen sind in Konfliktsituationen einfach überfordert und versuchen daher, sich in letzter Instanz hinter zynischen Worten zu verbergen.

Alles, was eine Waage in einem schlechten Licht erscheinen lassen könnte, wird sie mit großem Geschick abzuwehren trachten.

Der Streitschlichter

Wenn es im Freundeskreis einmal Konflikte oder handfeste Streitigkeiten gibt, dann befindet sich die Waage in ihrem Element. Jetzt kann sie mit beruhigenden Worten eingreifen und – mit großer Unparteilichkeit – helfen, die jeweilige Position der Beteiligten zutreffend zu schildern. In dieser Rolle des unparteiischen Vermittlers ist die Waage einfach unschlagbar.

 Vielleicht versuchen Sie es einmal mit einer Waage bei der nächsten Ehe- oder Beziehungskrise.

Bewunderung als Lebensmittelpunkt

Wenn man sich die Waage als Gesamtbild vor Augen führt, so muss man sagen, dass Waage-Menschen überaus darauf bedacht sind, zu gefallen.

Bewunderung ist für die Waage (fast) alles und lässt sie, auch vor sich selbst, in einem möglichst vorteilhaften Licht erscheinen.

Um Bewunderung zu erlangen, sind Waagen bereit, eine Menge Engagement einzubringen. Sie werden schmeicheln, loben und das Gegenüber hofieren. Ist so eine vertraute Bindung entstanden, ist es der Waage meistens auch gelungen, sich selbst im rechten Licht darzustellen.

Wie lebt man mit einer Waage?

Das eigene Heim

Diese so überaus ästhetischen Vertreter des Tierkreises benötigen vor allem ein schönes Domizil. Eine Wohnung oder ein Haus, das sie beherbergt. Dieses Zuhause werden sie dann geschmackvoll einrichten, damit es als Basis für ihr Waage-Dasein dienen kann.

Die Snobs des Tierkreises

Wenn Sie eine Beziehung mit einer Waage eingehen, so sollten Sie sich bewusst machen, wie intensiv sich ihr Leben in der Außenwelt abspielen wird. Die Waage wird dabei gerne vorgeben, mehr zu sein, als sie eigentlich ist. Böse Zungen haben den Waagen daher das Etikett „Snobs des Tierkreises" angeheftet.

Ihr Verhalten kann manchmal dazu führen, Unterschiede zu schaffen, Gräben zu ziehen oder Mauern zu errichten, die sie eigentlich nicht mit Absicht so zum Ausdruck bringen wollten. Eigentlich war es nur ihre Absicht, sich entschieden vom anderen abzuheben.

Waagen wollen nun einmal mit allen Mitteln „anders" sein. Kein einfacher Wesenszug, vor allem dann nicht, wenn man die Anerkennung seitens anderer Menschen benötigt wie das tägliche Brot.

Die höfliche Waage

Waagen sind praktisch immer äußerst höflich und zuvorkommend. Begegnet ihnen im Alltag einmal ein grober Klotz, so schrecken sie regelrecht zusammen.

 Solche Umgangsformen sind einfach nichts für die feine Waage!

Das Philosophieren

Wenn Sie mit einer Waage zusammenleben wollen, sollten Sie ein erhebliches Maß an Geduld mitbringen. Bei Ihrer Waage müssen Sie mit endlosen Diskussionen rechnen. Es gibt nicht nur viele Seiten, von denen aus man eine Sache betrachten kann, es ist grundsätzlich schwierig für sie, wirklich einer Seite zugeneigt zu sein. Hier liegt wieder die alte Entscheidungsschwäche vor.

Im alltäglichen Zusammenleben ist dies keine einfache Situation und kostet in der Regel viel Zeit. Schon die Frage, ob man zum Abendessen grünen Spargel oder Rosenkohl serviert, kann zu einem nahezu unlösbaren „philosophischen" Problem werden!

Die blendenden Manieren

Waagen glänzen im Allgemeinen durch ihre angeborene Freundlichkeit und ihre glänzenden Manieren. Zudem wecken sie durch ihren großen Charme schnell Vertrauen bei ihren Freunden oder Partnern.

Wenn die Waage die Tür öffnet, elegant gekleidet, und mit dem gewinnendsten Lächeln sorgfältig den Mantel ihres Gastes auf einen Bügel hängt, kann man ihr nur schwer widerstehen.

 Und das weiß die Waage auch!

Nicht kritisieren

Waagen reagieren sehr empfindlich auf Kritik. Wenn Sie daher mit einer Waage zusammenleben, sollten Sie das Augenmerk immer wieder auf ihre guten Seiten richten und diese auch im Gespräch betonen. Ein derartiges Vorgehen belebt sie und macht die Waage bedeutend umgänglicher.

Nicht zum Single geschaffen

Die Waage lebt sehr ungern ganz alleine. Zweisamkeit oder Geselligkeit gefallen ihr weitaus besser. Sie ist wahrlich nicht zum Single geschaffen; denn wer würde sie da bewundern?

So wird sie sich immer ihren Kreis suchen, in dem die Waage ihre notwendigen „Streicheleinheiten" erhält.

Die kleinen Rituale

Bei den Dingen, die ihr Leben verschönern, liebt die Waage die kleinen, wiederkehrenden Rituale. Der schön gedeckte Frühstückstisch am Morgen, die sanfte Massage am Freitagabend und der Saunabesuch am Montag. Wahrscheinlich wird sie nie so ganz pünktlich sein – aber sie wird alles genießen.

Diese kleinen Dinge sind der Waage wichtig, verschönern sie doch ihr äußeres Leben und machen es lebenswerter.

Die Frage nach dem Geld

Waage-Menschen leisten sich gerne etwas. Dabei hält leider ihr Geldbeutel nicht immer Schritt mit ihrem ausgeprägt guten Geschmack, der in allen Geschäften mit sicherem Griff die exquisiten Stücke herausfindet. Dann bleibt ihnen nichts anderes übrig, als sich Geld zu leihen. Mit der Rückzahlung der Kredite plagen sie sich nicht unnötig herum; denn irgendwann werden sie schon im Lotto gewinnen.

Allerdings gibt es natürlich auch auf diesem Feld sehr pflichtbewusste Waagen!

Man gönnt sich ja sonst nichts!

Für die Waagen steht immer ihr guter Geschmack an erster Stelle. Er ist ausschlaggebend dafür, dass im Januar die Erdbeeren aus Chile gekauft werden. Wer wird denn auf den Preis achten, wo sie doch so herrlich zu dem geplanten Nachtisch für die kleine Abendparty passen.

Sollten Sie also mit einer Waage zusammenleben, so wäre es ratsam, immer eine kleine Reserve zurückzulegen; denn Sie wissen ja sicher schon – es bleibt nicht bei den Erdbeeren!

Die Atmosphäre macht's

Das Atmosphärische ist für die Waage ausschlaggebend, vor allem in ihrem geliebten Heim. Hier sollten
keine störenden Einflüsse ihr Harmoniebedürfnis
trüben. Notfalls wirft sie schon einmal ein altes Fa-
milienerbstück auf den Müll, wenn das giftgrüne
Ding einfach ihren ästhetischen Sinn störte. Unter
dem Strich zahlen sich solche kleinen „Opfer" für eine
Waage immer aus.

Die Waage und ihr Lebensstil

Kein Kind von Traurigkeit

Waagen zählen im Tierkreis eher zu den Frohnaturen.
Sie sind, wenn nichts Ungewöhnliches vorgefallen ist,
keine Kinder von Traurigkeit. Gesellig gehen sie durchs
Leben und versuchen, demselben seine guten Seiten
abzugewinnen.

Wenn es irgendwie möglich ist, wird eine Waage
immer versuchen, Konflikten aus dem Weg zu gehen
und mithilfe ihrer klassischen „Waage-Balanceakte"
eine gewisse innere und äußere Harmonie zu eta-
blieren.

Die Welt als Vorstellung

Die Waage sucht ihre Heimat im Reich der Liebe. Allerdings wird es eine stark verklärte Welt sein, die sich nicht unbedingt durch die Gefühlstiefe und Herzensinnigkeit auszeichnet, wie sie vielleicht bei den Krebsen oder Fischen anzutreffen ist. Die Waage idealisiert und betrachtet ihre Lebenswelt durch die Brille ihrer ganz persönlichen Vorstellungen. Diese stellen sich jedoch schon bald als recht theoretisch heraus und zeichnen sich in gar keinem Fall als anwendbar oder lebensnah aus. Trotzdem wird die Waage ihre eigene Wahrnehmung und ihren persönlichen Lebensstil als höchste Priorität ansetzen.

Auf Ausgleich bedacht

Waagen freuen sich naturgemäß über jede Freundlichkeit, die ihnen entgegengebracht wird. Da sie jedoch ständig auf Ausgleich bedacht sind, versuchen sie nach Kräften, niemals in der Schuld eines anderen zu stehen. Stets bemühen sich die Waage-Menschen, das zurückzugeben, was ihnen geschenkt wurde.

Die tolerante Waage

Waagen zählen nur in den seltensten Fällen zu den intoleranten oder gar fanatischen Charakteren. Ganz im Gegenteil: Sie diskutieren gerne und jeder darf in einem Streitgespräch eine andere Meinung einbringen, mag sie auch noch so kontrovers zu ihrer eigenen Position sein.

Da eine Waage immer geneigt ist, die Dinge oder Sachverhalte von allen Seiten zu betrachten, eröffnen andere Meinungen für sie andere Perspektiven. Daran sind Waagen grundsätzlich immer interessiert!

Die Waage und das liebe Geld

Waagen sprechen nur sehr ungern über Geld. Am liebsten ist es ihnen, wenn sie es ganz einfach haben, und zwar möglichst noch in ausreichender Menge!

Dabei gehören die Waagen nicht unbedingt zu den materialistischen Vertretern des Tierkreises, sondern es ist ihnen einfach unangenehm, sich mit dieser weltlichen Angelegenheit auseinanderzusetzen.

Geldangelegenheiten beschäftigen Waagen nicht über Gebühr, sie finden sie eher lästig. Zudem sind die meisten Waage-Menschen überaus gutmütig in Bezug auf finanzielle Belange und haben keinen starken Bezug zu ihnen. Allerdings bestätigen gerade auf diesem Feld die Ausnahmen die astrologische Regel.

Die gerechte Waage

Es ist sicher kein Zufall, dass St. Justitia als Symbol eine Waage in den Händen hält. Waagen sind mit einem starken Gerechtigkeitssinn ausgestattet, der ihr Leben entscheidend prägt. Was sich mit ihren Idealbildern vereinen lässt, macht sie glücklich und innerlich zufrieden. Diese innere Zufriedenheit können sie dann auch in die Außenwelt ausstrahlen.

Die Waage
im Beruf

Begabungen und Talente

Der Einfluss der Außenwelt

Waage-Menschen sind in nicht unerheblichem Maße äußeren Einflüssen unterworfen, die ihre Leistungen und Stimmungen entscheidend prägen. So kann beispielsweise eine falsche Teppichfarbe oder die unpassende Wandbemalung eine Waage geradezu krank machen, während ein Widder beides wahrscheinlich nicht einmal bewusst wahrgenommen hätte.

Hier wird das Stilempfinden der Waage zum Maßstab für ihr persönliches Wohlbefinden in ihrem Beruf.

Der Einfluss der Kollegen

Neben dem räumlichen Einfluss gibt es natürlich auch den noch wesentlicheren persönlichen Einfluss im Berufsleben der Waage. Sie reagiert intensiv auf andere Menschen; und selbst wenn sie selbst auch um Ausgleich bemüht ist, so stellt doch die Kollegin oder der Kollege, die/der immer in schreiend grellen Farben durch das Büro tobt und lärmend ins Telefon schreit, ein schier unüberwindliches Hindernis für die Waage dar.

In solchen beruflichen Konfliktsituationen wird die Waage mürrisch werden, sich innerlich verweigern und so ihr Leistungsniveau langsam dem Nullpunkt nähern.

Die erfolgsorientierte Waage

Waagen streben den Erfolg konsequenter an als manche andere Mitglieder der Tierkreisfamilie. Die Waage benötigt den Erfolg dringend, da sie glaubt, nur durch ihn die Bewunderung zu erhalten, die sie so dringend für ihr gutes Selbstwertgefühl braucht.

Die dialogfähige Waage

Waagen sind gute Partner im Berufsleben. Ein offener Meinungs- oder Gedankenaustausch liegt ihnen sehr und sie schätzen es, wenn blitzschnell von allen Beteiligten (von ihnen natürlich ganz besonders!) neue Ideen in die Diskussion eingebracht werden.

Die Fähigkeit, auf unterschiedliche Beiträge und abweichende Meinungen sensibel einzugehen, befähigt die Waage zu kreativer Teamarbeit.

Erfolg ohne Ellbogen

Als „Dampfhammer-Vertreter" oder klassischer „Drücker" eignen sich die Waagen eher weniger. Durch ihren ausgeprägten Gerechtigkeitssinn, der immer auch die Interessen des Geschäftspartners im Auge behält, werden ihnen die Berufsbilder, die „Ellbogentechnik" verlangen, nicht sonderlich liegen.

Sie erreichen ihre beruflichen Ziele eher durch geschickte Diplomatie und guten Ton. Sie bevorzugen im Verhandlungsgeschäft das Florett und überlassen den Säbel anderen.

Die Liebe zum Beruf

Waagen müssen sowohl ihren Beruf als auch alle mit ihm in Verbindung stehenden Einzelheiten lieben, wobei der unpassende Teppich oder die falsche Wandfarbe ja schon erwähnt wurden. Nur wenn auch die Details stimmen, läuft eine Waage zur Hochform auf und erzielt dann auch hervorragende Ergebnisse.

Die Waage und die Kunst

Was läge für die Ästheten des Tierkreises näher, als ihre berufliche Qualifikation in Bereichen zu suchen, die im weitesten Sinn den Künsten zugeordnet werden können. Hier fühlt sich die Waage zu Hause und kann durch ihr exzellentes Gefühl für Farbe und Formgebung glänzen.

Die ausgleichende Waage

Waagen sind kollegiale Geschöpfe, die sowohl als Mitarbeiter als auch im Chefsessel eine ausgleichende Wirkung ausüben. Aufgrund dieses harmonischen Einflusses werden sie von Kollegen und Kolleginnen gleichermaßen geschätzt.

Die untadelige Waage

Die im Sternzeichen der Waage geborenen Menschen geben kaum Anlass zum Tadel. Sie fallen in der Arbeitswelt praktisch nie durch Intoleranz, Intrige oder böse Nachrede auf. Sie zählen zu den freundlichen Kollegen und Kolleginnen, die nahezu allseits beliebt sind.

Offen für Neues

Die Waage zählt zu den klugen Köpfen im Tierkreis. Sie ist wach und aufmerksam und ständig bereit, etwas Neues dazuzulernen. Waagen besuchen gerne Fortbildungskurse und Seminare, die ihnen neue Erkenntnisse und neue Horizonte in ihrem Berufsleben erschließen.

Waagen sind auch gute Studenten, die eine ausgeprägte Vorliebe für Bücher haben und die Befähigung besitzen, aus ihnen eine Fülle an neuen Einsichten zu gewinnen. Diese Fähigkeiten tragen ihnen in der Arbeitswelt nicht selten Vorteile oder Beförderungen ein.

Die Führungskraft

Eine Waage wird sich nicht unbedingt mit aller Macht in den Vordergrund drängen, aber sie lehnt Verantwortung auch nicht prinzipiell ab. Wenn eine Waage in eine Führungsposition berufen wird, so vermag sie diese auch einzunehmen und auszufüllen.

Waagen stehlen sich nicht aus der Verantwortung.

Die sprachbegabte Waage

Waage-Menschen verfügen über ein ausgezeichnetes Sprachgefühl und eine große Sprachbegabung. Zudem besitzen sie auch ein tieferes Verständnis für den Sinn von Sprache. Sie erweisen sich als befähigt, gute und aussagekräftige Reden und Texte zu schreiben, und wissen zudem, wie man sich im öffentlichen Vortrag präzise und überzeugend ausdrückt.

Eine Waage können Sie unbesorgt ins Gefecht schicken, wenn es gilt, durch einen brillanten Vortrag Kunden oder Investoren zu überzeugen. Die Waage wird eine glänzende Vorstellung liefern!

Abneigungen

Die wankelmütige Waage

Waagen sind sehr schwer einschätzbar. Sie habe eine Fülle von Abneigungen, ohne allerdings eine klare Linie zu verfolgen. Heute mögen sie dies nicht, morgen etwas ganz anderes.

Waagen sind überaus wankelmütig und neigen dazu, sich in keiner Weise festlegen zu lassen. Aufgrund dieses Verhaltens sind Waagen sehr schwer einzuschätzen und liefern ihren Mitmenschen immer wieder Stoff zum Nachdenken.

Die Entscheidung naht

Wenn die im Zeichen der Waage Geborenen etwas hassen, so sind es Entscheidungen jeder Art. Sie werden unruhig, wenn ein Termin herannaht und der zu treffende Entschluss noch nicht gefasst ist. Je länger die Waage dann über die anstehende Problematik nachdenkt, desto mehr Möglichkeiten eröffnen sich ihr. Und so wird ein Problemchen schließlich zur Problematik.

Stimmungsschwankungen

Die Waage vermag allerlei Schweres zu erdulden, allerdings kann sie keine Kränkungen vertragen. Das zentrale Problem dabei ist allerdings, dass man nicht weiß, was die Waage heute kränkt; denn gestern hat man damit noch ein Lächeln auf ihr Gesicht gezaubert.

Von gestern zu heute jedoch hat sich die Waagschale in eine andere Richtung geneigt und inzwischen sieht die Welt völlig anders aus.

 Machen Sie sich jedoch keine Sorgen, morgen lächelt die Waage wieder.

Die Gefahr von außen

Die Waage richtet ihr ästhetisches Auge auf die Welt und wird sofort jede Unregelmäßigkeit entdecken. Manch anderer würde mit einem Achselzucken übergehen, was für die Waage bedrohliche Ausmaße annimmt. Dann wird aus einer Kleinigkeit ein wahres Ungeheuer, das die Waage lähmt und verunsichert.

Die ewig verspätete Waage

Eine pünktliche Jungfrau kann von der Waage wahrhaft in die Verzweiflung getrieben werden; denn Waagen sind notorische Zuspätkommer.

Wenn Sie einen Arbeitsvertrag mit einer Waage abschließen müssen, schreiben Sie möglichst von vornherein eine vierundzwanzigstündige Gleitzeit hinein. Geben Sie der Waage so viel Freiraum wie nötig. Da sie sich ohnehin nicht ändern wird, würde alles andere sie nur unnötig einengen und in Konflikte stürzen. Das sollte man vermeiden.

Die körperliche Empfindsamkeit

Waagen reagieren schnell auf ihre körperliche Befindlichkeit, und so sollten regelmäßige Essenszeiten und ein geordneter Feierabend klar festgelegt sein. Im gegenteiligen Fall kann es schnell zu einem mürrischen Gesicht oder einem echten Schmollmund kommen.

Wenn es der Waage „gegen den Strich" geht, wird sie zudem über ein reichliches Arsenal an Argumenten verfügen, um unüberhörbar ihre Rechte einzufordern.

Die Kopfarbeiter

Waagen sind, von Ausnahmen abgesehen, keine harten Arbeiter und körperlich schwere Arbeit macht ihnen oft zu schaffen.

Die im Sternzeichen der Waage Geborenen zählen eher zu den Kopfarbeitern. Doch auch auf diesem Feld steht ihnen keine unbegrenzte Energie zur Verfügung, weshalb regelmäßige Ruhepausen ihrer Regeneration dienen könnten.

Vorgesetzte und Mitarbeiter

Die Teamarbeiter

Waagen sind die perfekten Teamarbeiter. Sie haben in einzigartiger Weise die Fähigkeit, zwischen den verschiedenen Kollegen und Kolleginnen ein verbindendes Glied zu schaffen.

Gleichgültig ob die Waage im Chefsessel sitzt oder im Mitarbeiterstab, sie vermag die unterschiedlichsten Kräfte zu bündeln und zu integrieren.

Die „wichtigen" Mitarbeiter

Die Waagen im Betrieb sind in den allermeisten Fällen loyale Menschen, die anderen zur Seite stehen und helfend unter die Arme greifen. Dafür gibt es allerdings eine entscheidende Voraussetzung: Man muss einer Waage immer wieder das Gefühl vermitteln, besonders beliebt zu sein und einen wichtigen Beitrag zum Ganzen zu leisten.

Die Waage im Betriebsrat

Wenn es im Streikfall knallhart zur Sache geht, sollten die Arbeitnehmer nicht unbedingt eine Waage zu den Verhandlungen schicken. Zwar findet man Waagen oft in den Betriebsräten, doch zählen sie zu jenen angenehmen Mitarbeitern oder Mitarbeiterinnen, die ihren Chefs das Leben nicht schwermachen wollen.

> *Die Waagen werden immer bemüht sein,*
> *im Betrieb ein harmonisches Miteinander*
> *zu fördern.*

Kein Neid

Waagen können problemlos die Leistungen anderer anerkennen. Nur in seltenen Fällen werden sie den Kollegen oder Kolleginnen den Erfolg neiden. Das heißt jedoch nicht, dass sie nicht selbst gerne auf der Erfolgsleiter hinaufklettern.

Im Umgang mit anderen Mitarbeitern werden Waagen sich jedoch immer fair und verständnisvoll verhalten.

Die gute Erscheinung

Eine Waage sollte man möglichst gezielt einsetzen, um ihre Möglichkeiten voll zu nutzen. Sie ist überall dort am richtigen Platz, wo sie mit ihrem guten Erscheinungsbild Kontakte knüpfen kann.

Als Sekretärin kann eine weibliche Waage umwerfend sein und mit Grazie und Freundlichkeit im Vorzimmer alles empfangen (oder abweisen!), was durch die Tür tritt. Dabei wird sie einen beträchtlichen Charme entwickeln und niemanden verletzen, selbst wenn er nicht vorgelassen wird.

Der Waage-Chef

Als Chef oder Chefin sind Waagen außerordentlich loyal zu ihren Mitarbeitern. Sie können mit allen Problemen zu ihnen kommen und werden dort immer ein offenes Ohr vorfinden.

Sind Fehler vorgekommen, werden diese im gemeinsamen Gespräch analysiert und sollten dann nicht mehr vorkommen. Trotzdem gibt es bei der Waage aber noch eine dritte und vierte Chance; denn die Waage glaubt prinzipiell an das Gute im Menschen.

Mitsprache gefragt

Waage-Chefs sind nicht totalitär. Sie werden sich immer darum bemühen, vor einem neuen Projekt oder bei der Umstrukturierung des Betriebes ihre Mitarbeiter um deren Meinung zu fragen. Selbst wenn sie dann, nach langen Gesprächen und ausgiebigen Diskussionen, eine andere Lösung wählen als die von den Mitarbeitern vorgeschlagene, können diese sicher sein, dass ihr Chef ihre Vorschläge sorgfältig geprüft und abgewogen hat.

Die großzügige Waage

Engagement und Einsatz im Betrieb einer Waage
lohnen sich. Die Waage-Chefin oder der Waage-Chef
bemerken den motivierten Mitarbeiter und zeigen
sich erkenntlich. Da ist leicht einmal eine Sonderprä-
mie oder eine Erfolgsbeteiligung auf dem Konto; denn
Waagen sind, von wenigen Ausnahmen abgesehen,
überaus großzügig.

Selbstständigkeit

Nur mit Partner

Wenn sich eine Waage entschließt, den Weg in die
Selbstständigkeit einzuschlagen, benötigt sie zweier-
lei: den Mann fürs Grobe und den entscheidungsfreu-
digen Partner.

Waagen allein könnten in ihrem eigenen Betrieb
ständig in die Gefahr geraten, sich vor lauter Abwägen
und Überlegen das Geschäft vor der Nase wegschnap-
pen zu lassen. Hier muss unbedingt jemand an ihrer
Seite stehen, der ihre Schwächen im Geschäftsleben
ausgleicht und entschieden und schnell zupackt, wenn
die Situation gekommen ist!

Die mühsame Selbstständigkeit

In praktisch allen Branchen erfordert Selbstständig-keit zumeist einen höheren Einsatz an Zeit und Ener-gie. Dies fällt den im Zeichen der Waage Geborenen nicht unbedingt leicht, da sie allzu sehr den schönen Seiten des Lebens zugeneigt sind.

Droht einer Waage in ihrer Firma zudem einmal eine längere finanzielle Durststrecke, dann ist es mit ihrer Ausgeglichenheit nicht gut bestellt – und natür-lich auch nicht mit dem Schicksal der Firma!

Keine Workaholics

Waagen zählen nicht unbedingt zu den Workaholics im Tierkreis. Sie trachten verstärkt danach, eine Aus-gewogenheit zwischen Arbeit und Freizeit herzustel-len. Dennoch sind sie in vielen Bereichen des Lebens äußerst leistungsfähig.

Die kreativen Waagen

Wenn die Waage den Weg in die Selbstständigkeit antritt, bestehen die größten wirtschaftlichen Erfolgs-aussichten für sie in den kreativen Berufszweigen. Als Modeschöpfer oder Kunstmaler haben Waagen schon große Erfolge erzielt. Hier kann sich ihre naturgege-bene Ästhetik voll entfalten.

Die schönen Künste

Neben den schon genannten Sparten werden Waagen ihre vielfältigen Talente auch als Balletttänzer, Kostümbildner, Bildhauer oder Innenarchitekten entfalten können. Gerade der letztgenannte Beruf ist eine ideale Wahl für die Waage. Sie verfügt über große Geschmackssicherheit und ein exzellentes Stilempfinden. Eine Wohnung oder ein Haus, das von einer Waage eingerichtet wurde, wird ein Genuss für die Sinne sein.

Die geschickte Waage

Im handwerklichen Bereich kann die Waage eine große Geschicklichkeit entfalten. Dabei reicht die Bandbreite vom Friseur (Friseurin) mit ausgeprägtem Gefühl für die Locken der Kunden über den Dekorateur bis hin zum Kunsttischler, der Meisterwerke schreinern wird, die auch bei Ludwig am Hofe in Ehren gestanden hätten.

Der Jurist

Die Waage – über „Justitia" sprachen wir ja schon an anderer Stelle – wird ihren Gerechtigkeitssinn in allen juristischen Berufen voll entfalten können. Sie besitzt zudem die Fähigkeit, mit gut gesetzten Argumenten ihre Position zu vertreten.

Handel und Wandel

Im kaufmännischen Bereich wird die Waage möglicherweise anfänglich Einiges an Lehrgeld zahlen müssen. Erst nach einer Reihe negativer Erfahrungen wird sie bemerken, dass auf der Gegenseite nicht immer die gleiche Ehrlichkeit waltet, mit der sie ihr Geschäft betreibt. Sie lernt aber mit der Zeit, auch den eigenen Geschäftssinn zu entfalten, ohne deswegen zu Ellbogenmethoden zu greifen.

Die Sprachbegabung

Die sprachlichen Begabungen der Waage sind, wie schon dargestellt, nicht unerheblich. Von daher werden ihr auch Berufe liegen, die mit dem Wort arbeiten. Dabei kann es vom Werbetexter bis hin zum engagierten Schriftsteller bzw. zur Schriftstellerin gehen. Die Bandbreite reicht dann vom Sachbuch bis zur idealistisch-visionären Zukunftsschau neuer Gesellschaftsmodelle.

Nicht vergessen werden sollte an dieser Stelle der diplomatische Dienst, der zwar nicht im klassischen Sinne als „selbstständige" Tätigkeit verstanden wird, aber doch ein erhebliches Maß an selbstständiger Arbeit erfordert. Ein idealer Beruf für die Waage!

Die Waage und die Liebe

KAPITEL 3

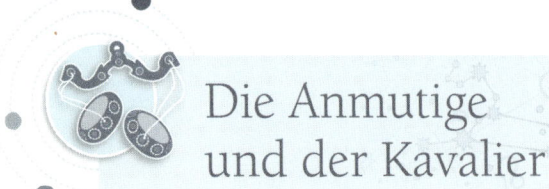

Die Anmutige und der Kavalier

Ideal und Wirklichkeit

Die Welt der Liebe ist ihr Reich, aber die Waage ist nicht immer die Herrscherin in ihrer Welt. Die Waage liebt es, das „Lied von der hohen Minne" zu singen, aber sie ist der Liebe in der Realität oft nicht gewachsen.

Für die Waage klafft ein riesiger Abgrund zwischen Ideal und Wirklichkeit.

Theorie und Praxis

Waagen zählen zu den anmutigsten Vertretern des Tierkreises. Sie haben Geist und setzen ihn ein, um sich endlose Gedanken über die Liebe zu machen. Theoretisch wissen sie alles und sind in der Liebe brillant bewandert. Aber wie sieht es mit der Praxis aus?

Wenn die Waagen mit der Wirklichkeit der Liebe konfrontiert werden, stehen sie ihr häufig sehr hilflos gegenüber. Theorie und Praxis sind eben zwei ganz verschiedene Welten. Im Gefühlsleben wirken Waagen oft wie große Kinder.

Gleichberechtigung

Ihr ausgeprägtes Gerechtigkeitsempfinden treibt die Waagen auch in der Liebe auf die Suche nach dem ebenbürtigen, gleichberechtigten Partner. Sie sind auch durchaus bereit und in der Lage, dieses Ideal in eine Beziehung einzubringen, stehen dann aber völlig erschüttert vor jeder Ungerechtigkeit, die ihnen widerfährt!

Harmoniesüchtig

Konfliktbereitschaft zählt wahrlich nicht zu den Qualitäten, die eine Waage auszeichnen. Vor allem nicht in der Liebe. Hier sehnen sie sich nach Harmonie in absoluter Vollendung. Schon eine schlechte Stimmung bei ihrem Partner oder ein grober Ton können eine Waage völlig aus dem inneren Gleichgewicht bringen.

 Mit einer Waage müssen Sie in der Liebe sehr behutsam umgehen!

Freiheitsliebe

Die Waage ist, wie anfänglich erklärt, ein Luft-Zeichen. Wie auch die anderen beiden Luft-Zeichen (Zwilling und Wassermann), sind Waagen ausgesprochen freiheitsliebende Geschöpfe. Das muss allerdings nicht heißen, dass sie nicht schnell eine Beziehung eingehen. Ganz im Gegenteil! Dieses Verhalten hat seinen Grund darin, dass eine schwierige Beziehung für die

KAPITEL 3

Waage immer noch besser ist als gar keine; denn das wäre nun wirklich das größte Unglück.

Die unverbindliche Waage

Waagen lieben es, mit der Liebe zu spielen, würden allerdings dafür niemals diese Formulierung akzeptieren. Sie erobern und sind immer geneigt zu einem kleinen Flirt. Sie hofieren ihr Gegenüber und machen Komplimente. So vermitteln sie der Auserwählten oder dem Auserwählten das Gefühl, absolut begehrenswert zu sein. Problematisch wird es allerdings, wenn sie damit Erfolg haben; denn dann wird die Waage ausweichen. So hatte sie sich die Affäre nicht vorgestellt. Es war doch alles viel unverbindlicher gemeint!

 Eigentlich wollte die Waage nur ihre Wirkung auf Frauen bzw. Männer ausprobieren, ohne groß darüber nachzudenken.

Der Narziss

Waagen schauen in die Augen ihres Gegenübers und sehen sich selbst. Dies geschieht nicht aus Egoismus, sondern deshalb, weil sie sich selbst anhand der Reaktionen des anderen verstehen lernen.

Manchmal spielt die Waage aber auch den Narziss und schaut in den Spiegel, natürlich um zu hören: „*Du bist die Schönste* (der Schönste) *im ganzen Land!*"

Hoffentlich hat es keine böse Fee gehört!!

Bewunderung tut not

Bewunderung ist für eine Waage überlebenswichtig. Es ist für ihren Partner daher ein absolutes Muss, die Waage reichlich mit den entsprechenden Äußerungen und Komplimenten zu versorgen.

Es gilt zu beachten: Wenn Sie die Komplimente vergessen, geht Ihre Waage kurz einmal ein wenig flirten!

Die anziehende Waage

Waagen haben im Wettbewerb der Geschlechter durchaus Einiges in die „Waagschale" zu werfen. Sie imponieren durch ihren souveränen Auftritt, sie sind einwandfrei und fast immer elegant gekleidet und ihr gutes Benehmen gibt nicht den geringsten Anlass zur Klage. Mit einem Wort: Waagen wirken attraktiv und ziehen nicht selten den Blick auf sich.

Mehr Sachlichkeit als Romantik

In ihrem Beziehungsleben zeichnen sich Waagen eher durch ein partnerschaftliches Verhältnis als durch die große Leidenschaft aus. Nicht selten bleibt der Waage die ganz große Gefühlsberührung verborgen.

In den meisten Fällen bewegt sich die Waage in ihrem Liebesleben nicht auf der romantischen, gefühlvollen Ebene, sondern gibt sich eher nüchtern und sachlich. Nicht zuletzt deshalb, um ihre sehr sensible und verletzliche Gefühlswelt zu schützen.

Die distanzierten Verführer

Waagen beherrschen die Klaviatur der Verführung recht brillant. Mit lyrischer Stimme wissen sie sich auszudrücken und umgarnen ihr Gegenüber. Sind Sie eines der „Opfer" dieses Waage-Typus, sollten Sie niemals vergessen, wie groß die Diskrepanz sein kann zwischen dem, was die Waage auf den ersten Blick signalisiert, und dem, was sie wirklich beabsichtigt. Das ist nämlich nicht unmittelbar erkennbar.

Die geliebte Unabhängigkeit

Waagen fürchten zwei Dinge ganz besonders: Lächerlichkeit und Abhängigkeit. Sie werden ihr ganzes Augenmerk darauf richten, beides stets zu vermeiden. Hier ist ein großes Einfühlungsvermögen seitens des Partners gefragt, um die sensible Seite der Waage zu erkennen und sich entsprechend einfühlsam zu verhalten.

Der ewige Traum

Waagen glauben bei jeder Verbindung an ihr Idealbild und den ewig gesuchten Traumpartner. Verständlicherweise sind sie dann immer wieder schwer erschüttert, wenn er oder sie dann ihren „Normalstandard" offenbaren und sie wieder einmal einer Illusion erlegen sind.

Manchmal wäre es für eine Waage ratsam, Herz und Verstand auf die Waagschalen zu legen und ein entsprechendes Gleichgewicht herzustellen.

Der Waage-Mann

Der Charming-Boy

Waage-Männer haben den Charme gepachtet; und selbst dort, wo es nicht der Fall ist, glauben sie es dennoch. Mit einer gut gelungenen Mischung aus Kavalier und Unterhaltungskünstler, charmantem Gesprächspartner und elegantem Gentleman haben sie einiges zu bieten. Mit dieser Ausrüstung sind sie dann kaum einem Flirt abgeneigt.

Der Mann von Welt

Mit ihrem selbstsicheren Auftreten, dem passenden Outfit und dem gewinnenden Lächeln geben sie den „Mann von Welt". Sie verstehen es zu beeindrucken und das hingebungsvolle Lächeln der Frau, die sie ausgesucht haben, ist ihnen Belohnung genug für allen Aufwand, den sie in den Abend gesteckt haben.

Die Schöne gesucht!

Im Grunde seines Herzens sucht der Waage-Mann immer die große Liebe, wobei er als Ästhet natürlich die „Schöne" bevorzugt. Zwar kann es dazu kommen, dass er aus lauter Vernunftgründen einmal eine andere Wahl trifft, aber in diesem Fall wird immer ein kleiner Restzweifel bleiben.

Die große Harmonie

Waagen verabscheuen den Streit und den lauten Konflikt. Sie wollen den harmonischsten Zustand erreichen, der überhaupt nur möglich ist. Daher hassen sie es, wenn „sie" ihnen eine Szene macht, vor allem wenn sie noch etwas schrill ausfällt. Ihrer Meinung nach sollte man sich einfach verstehen.

Häufig vergessen Waagen in ihrem Beziehungsleben, dass sie selbst außer dem Partner auch einen Teil des Gesamtproblems bilden!

Nein zu sagen fällt schwer

Waage-Männer sind nicht gerade Weltmeister in der Kunst des Nein-Sagens. Vor allem dann nicht, wenn ihnen die Schönen des Tierkreises gegenüberstehen. Dann sind sie einfach gefangen.

Schönheit erfreut das Auge der ästhetischen Waage-Männer und schnell finden sie sich in Situationen wieder, die sie eigentlich so nicht geplant hatten.

 Dabei sind sie selten schuld, sondern die Situation, der Wein, die Frau ...

Fest oder nicht fest

Eigentlich sind die männlichen Waagen auf feste Partnerschaften aus, schon um ihre Idealvorstellungen von Liebe und Partnerschaft leben zu können. Aber was heißt in diesem Zusammenhang schon „fest"?

Es ist für die Waage-Männer in diesem großen Spiel des Lebens einfach eine unglaubliche Fülle von Hürden zu umgehen, und wer von ihnen kann schon sagen, dass dies immer gelingt. So wird die männliche Waage immer wieder mit ihrer Menschlichkeit (oder Männlichkeit?) konfrontiert. Und das muss wohl so sein.

Der Vertrauensvorschuss

Vielleicht verdienen es Waage-Männer mehr als andere ihrer Geschlechtsgenossen, dass man ihnen Vertrauen entgegenbringt; denn im Grunde ihres Herzens sind sie nur der Einen treu. Bleibt die alles entscheidende Frage: Sind Sie diese Eine?

Die Wirklichkeit ist für eine Waage oft unüberschaubar und birgt so viele Facetten, da kann man schon einmal einen „Fehltritt" tun. Aber sicherlich war es keine Absicht?!

Viel Spielraum

Der Waage-Mann liebt großzügige Frauen, die nicht versuchen, ihn, den Freiheitsliebenden, an die Kette zu legen. Er benötigt viel Spielraum und muss seinen Charme immer wieder an anderen weiblichen Wesen ausprobieren. Dabei kann er durchaus auf Grenzen achten. Wie gesagt: Vertrauensvorschuss ist bei einer Waage durchaus in Ordnung.

Tiefsinn Fehlanzeige?

Vonseiten der tiefsinnigeren Vertreterinnen des Tierkreises wird öfter einmal der Vorwurf laut, Waage-Männer seien zu eitel und zu oberflächlich. Auch wenn sie insgeheim von ihnen angezogen werden, stößt sie letztlich doch eine gewisse Oberflächlichkeit ab. Ob an diesem Vorwurf etwas dran ist?

Keine Langweilerin

Das „Heimchen am Herd" wäre keine gelungene Partie für eine männliche Waage. Er liebt die Würze des Lebens und eine spritzige, einfallsreiche Partnerin ist ihm gerade recht.

Er wird jene Frauen besonders attraktiv finden, die Freude am kulturellen Leben haben und gerne einmal das schlanke Tanzbein schwingen. Der Waage-Mann ist ein begnadeter Tänzer!

Aber auch auf der Tanzfläche wird er die lateinamerikanischen Rhythmen dem gediegenen Walzer vorziehen. Letzterer erscheint ihm doch ein wenig zu langweilig.

Die sensiblen Waage-Männer

Bei allem Flirten und möglichen Eskapaden darf eine Frau niemals vergessen, dass der Waage-Mann ein sensibles Wesen ist und viele feminine Aspekte in sich trägt. Ihn für die wirkliche Liebe zu öffnen, erfordert viel Vertrauen und Verständnis. Manchmal ist es eine Frage der Zeit und der Geduld.

Waage-Männer sind schnell verletzt oder verschreckt und verstecken sich dann hinter zynischen Bemerkungen. Dabei wollen sie durch dieses Verhalten nur ihren zarten inneren Kern beschützen.

Die Waage-Frau

Ein Flirt in Ehren

Waage-Frauen sind selten abgeneigt, sich auf einen kleinen Flirt einzulassen. Da sie charmant sind, fehlt es ihnen meistens auch nicht an männlichen Verehrern. Diese sollten aber nicht außer Betracht lassen, dass die weiblichen Waagen zwar verführerisch flirten, aber eigentlich nur, um ihre Wirkung auszuprobieren. Gewisse Grenzen sollten dann nicht überschritten werden.

Waage-Frauen sind im Grunde ihres Herzens, wenn sie gebunden sind, treue Wesen.

Die Ausgewogene

Die weiblichen Waagen zählen zu den ausgesprochen liebenswerten Geschöpfen. Es muss schon etwas wirklich Unangenehmes vorfallen, ehe sie wirklich einmal aus der Rolle fallen. Wenn ihr aber wirklich etwas missfällt, kann auch die weibliche Waage überaus scharf reagieren und sehr ärgerlich werden.

Waage-Frauen erlangen aber nach kleinen Explosionen sehr schnell ihr Gleichgewicht zurück, denn sie sind schließlich immer wieder um Ausgleich bemüht.

Die Kunstliebhaberin

Waage-Frauen zählen nicht zu den Langweilern. Sie lieben das Vergnügen und interessante Menschen, vor allem aus der Kunstszene.

Weibliche Waagen sind allgemein begeisterte Besucherinnen von Ausstellungen und Museen aller Art. Wenn Sie sich für eine weibliche Waage begeistern, sollten Sie schon einmal die Anschaffung von Dumonts zwölfbändigem Kunstlexikon erwägen. Mit dem darin gespeicherten Wissen könnten Sie die Waage-Frau beeindrucken und wirklich begeistern.

Kavalier gesucht

Die Waage-Frau ist auf der Suche nach dem Mann mit Stil. Proleten kommen für eine Waage nicht infrage. Ihr Auserwählter muss ein Kavalier sein und über gute Umgangsformen verfügen. Zudem braucht sie das Gefühl, umworben zu werden. Aus diesem Verhalten seitens der Männerwelt gewinnt sie die Gewissheit, begehrenswert zu sein.

Waage-Frauen sind immer auf Bestätigungen von außen aus, um ihre Innenwelt darüber zu verstehen. Auf diesem Feld sollte man sie niemals zu kurz kommen lassen.

Der Mann fürs Leben

Die im Sternzeichen der Waage geborenen Frauen suchen vorrangig ein partnerschaftliches Verhältnis, das
nicht immer die große Liebe sein muss. Ihre Ansprü-
che sind zwar groß und sie verfügen über eine klare
Vorstellung, wie der Mann ihrer Träume auszusehen
hat, aber sie können auch warten.

Eine Waage-Frau wird selten eine Beziehung „unter ihrem Niveau" eingehen; denn eigentlich sucht sie
ja immer den Mann fürs Leben. Daher kann sie einfach
nicht überstürzt in eine Beziehung eintreten, sondern
muss „ihn" erst lange beobachten. Schließlich soll es ja
ein Leben lang halten.

Die elegante Waage

Ihren hohen Anspruch an ihren männlichen Partner
dokumentiert die Waage-Frau schon in ihrem Äußeren. Sie kleidet sich elegant und achtet außerordentlich auf ihre Erscheinung. Es ist nur schwer vorstell-
bar, dass eine Waage-Frau schlampig und ungepflegt
daherkommt. Das würde ihr schon ihr eigenes ästhetisches Empfinden verbieten.

Die weibliche Waage

Die Waage-Frauen zählen zu den Sanften in der großen Tierkreisfamilie. Sie strahlen stets eine gewisse
Würde aus und verkörpern einen bestimmten Stan-
dard.

Auf die Männerwelt hinterlassen die weiblichen Waagen zumeist den Eindruck einer ausgeprägten „Weiblichkeit". Männer sehen in ihnen eine „Inkarnation des Femininen", gewissermaßen das Gegenteil zum viel zitierten „Blaustrumpf".

Du bist die Schönste!

Waage-Frauen sind nicht überaus kompliziert, sondern können sich in der Regel gut anpassen. Allerdings achten sie stets darauf, dass in ihrer Partnerschaft die Werte und die Gerechtigkeit stimmen. Ihr Partner darf allerdings nie vergessen, in bestimmten (nicht zu langen!) Abschnitten zum Ausdruck zu bringen, dass sie immer noch die Schönste und das Wunderbarste in seinem Leben ist.

Wenn die Waage auch nach vielen Jahren noch immer das Gefühl hat, geliebt zu werden, kann sie „ihm" sehr viele Freiheiten gewähren.

Auf Händen getragen

Wenn die Waage-Frau sich einmal so richtig in die Romantik stürzen möchte, stellt sie sich vor, wie ihr Angebeteter sie auf Händen trägt. Er sollte sie allerdings vorsichtig tragen und sich dabei immer noch gut benehmen. Es geht auf keinen Fall, mit der Tür ins Haus zu fallen und sich dann die Waage unter den Arm zu klemmen. So war das mit dem „auf Händen tragen" nicht gemeint! Die Waage-Frau ist sehr präzise: Es heißt „auf" den Händen und nicht „mit" den Händen!

Die Waage und ihre Beziehungen

Die Waage und der Widder

 *Die beiden Gegen-Zeichen*

Waage und Widder stehen einander im Tierkreis genau gegenüber und bilden die sogenannten „Gegen-Zeichen". Man spricht auch von einem totalen Gegensatz, der gleichzeitig die einzigartige Ergänzung in sich trägt.

Die Spannungen zwischen einer Waage und einem Widder können enorm sein. Gelingt es ihnen jedoch, sich mit dem Gegenüber, dem kosmischen Gegenpol, auseinanderzusetzen, dann können sie dem Geheimnis der ganz großen Liebe sehr nahe kommen.

Harmonie ist für das Zeichen Waage das zentrale Thema. Aus harmonischen Beziehungen schöpft die Waage ihr Lebenselixier. Der Widder dagegen wird kaum eine Auseinandersetzung scheuen.

Die Waage zeigt sich pendelnd unverbindlich, der Widder hingegen strebt kompromisslos in eine Richtung. Es stellt sich die Frage, wie das funktionieren soll?

Die Waage und der Stier

 *Das Problem mit der Unentschlossenheit*

Die Kombination zwischen Waage und Stier ist nicht ganz unproblematisch, gehört aber sicher nicht zu den schwierigsten.

Der Stier wird sich anfangs von der Ästhetik der Waage angesprochen fühlen, die sehr mit seinem Schönheitsempfinden und dem Wunsch nach Luxus harmoniert. Doch nach einiger Zeit wird er Schwierigkeiten mit dem schwankenden Wesen seines Partners bekommen. Die im Sternzeichen der Waage Geborenen gehören nicht zu den Entschlusskräftigsten im Tierkreis. Sie können praktisch allen Seiten und den verschiedensten Standpunkten etwas abgewinnen. Da ist der Stier ganz anders ausgerichtet. Er weiß genau, was er will und wohin er will. Um die Waage auf seine Richtung einzustimmen, bedarf es manchmal eines erheblichen Einsatzes an Überzeugungskraft; denn die andere Richtung erscheint der Waage nahezu ähnlich verlockend.

Da beide Sternzeichen ein großes Bedürfnis nach Harmonie charakterisiert, wird sich in dieser Hinsicht in ihrer Verbindung alles verdoppeln. Wenn sie erst einmal ihren gegenseitigen Rhythmus gefunden haben, können sie eine recht anschmiegsame und ausgeglichene Partnerschaft gestalten.

Schwierigkeiten wird es für den Stier allerdings mit der Neigung der Waage geben, im Handumdrehen das vorhandene Geld auszugeben. Das geht nun wirklich zu weit und löst im Stier ein gewaltiges Unbehagen

72 DIE WAAGE UND DIE LIEBE

aus. Hier müssen ganz schnell die Rahmenbedingungen abgesteckt werden. Schließlich möchte der Stier bestimmen, wofür das Geld ausgegeben wird. An Vorstellungen diesbezüglich fehlt es ihm wirklich nicht.

Wenn die Waage und der Stier ihre Lebensplanung gut aufeinander abgestimmt haben, können sie es durchaus miteinander aushalten.

Die Waage und der Zwilling

 *Überaus harmonisch*

In dieser Kombination haben sich die Richtigen zusammengefunden. Die Waage wie auch der Zwilling sind Luft-Zeichen. Beide besitzen die Fähigkeit, sich und auch dem anderen das Leben zu verschönern. Das ist doch schon eine ganz hervorragende Grundlage.

Langeweile wird zwischen der Waage und dem Zwilling ein Fremdwort bleiben. So etwas kennt man höchstens aus anderen Beziehungen.

Die Waage und der Zwilling jedoch gehen heiter und sonnigen Gemüts durch das Leben; und selbst bei kleinen Streitigkeiten leidet die Liebe für den anderen nicht.

Zudem haben die beiden die ausgeprägte Fähigkeit, über die Kommunikation Schwierigkeiten zu lösen. Beide diskutieren ausgesprochen gerne.

Die Erotik wird von den beiden als zärtliches Spiel gesehen, dem sie sich gerne hingeben, solange die Zeit dafür vorhanden ist. Aber da die beiden sehr kreativ sind, werden die Räume dafür geschaffen, wenn sie beide es wollen.

Zwischen der Waage und dem Zwilling gibt es nur ein Problem – sie können sich beide einfach nicht entscheiden. Aber ein paar Problemchen müssen ja auch in einer Traumkombination noch bestehen bleiben!

Die Waage und der Krebs

Eine schwankende Angelegenheit

Auch zwischen der Waage und dem Krebs kann es anfänglich durchaus zu einer starken Anziehung füreinander kommen, die allerdings eine merkliche Abkühlung erfährt, wenn der Krebs mit der ungebrochenen Flirt-Lust der Waage konfrontiert wird. Hier hört für ihn der Spaß auf, dazu ist die Liebe doch eine viel zu ernste Sache.

Beide Sternzeichen sind durch starke Stimmungsschwankungen gekennzeichnet. In diesem labilen Gleichgewicht findet der Krebs nur schwer die Sicherheit, die er benötigt.

Wahrscheinlich hat der Krebs gerade mit einem gewaltigen seelischen Tief zu kämpfen, während die Waage einen ihrer Begeisterungsanfälle durchlebt. Aus dieser Unsicherheit heraus lässt sich nur schwer eine stabile innere Bindung aufbauen.

So muss man eher davon ausgehen, dass es der Waage und dem Krebs nur mit Mühe gelingen wird, zusammen die Sonnenseiten des Lebens zu erkunden und dann auch gemeinsam zu erleben.

Die Waage und der Löwe

 *Ein unausgewogenes Paar*

Die schwankende Waage kann allen Seiten und den verschiedensten Variationen etwas abgewinnen. Löwen dagegen lieben den direkten Weg, die klare Konfrontation und die schnörkellose Offenheit. In dieser Gegensätzlichkeit liegt eine Menge Zündstoff verborgen.

Problematisch wird es für den Löwen vor allem angesichts der ewigen Flirt-Lust der Waage. Hier ist von seiner Seite her nur sehr wenig Verständnis vorhanden.

Gerade auf Partys oder Gesellschaften hasst es der Löwe, öffentlich bloßgestellt zu werden, weil seine Frau Waage oder ihr Herr Waage ewig in angeregtester Form mit anderen beschäftigt ist. Als wenn er (oder sie) nicht anregend genug wäre.

Durch dieses Verhalten wird der Stolz des Löwen verletzt und mit verletztem Stolz ist er kein sonderlich angenehmer Partner.

 Zwei Sternenkinder, die mit allerlei Schwierigkeiten zu kämpfen haben dürften.

Die Waage und die Jungfrau

 Zwei Blickwinkel

Eine Kombination, bei der sich nicht auf Anhieb sagen lässt, ob etwas daraus wird oder nicht.

Die Jungfrau spart, während die Waage das Geld mit vollen Händen ausgibt. Die Jungfrau pocht auf feste Abmachungen und verlässt sich darauf, dass die Waage ihre Zusagen einhält. Die Waage wiederum sieht das Leben heute von dieser, morgen von einer anderen Seite.

In puncto Verlässlichkeit könnte die Waage allerdings von der Jungfrau eine Menge lernen. Umgekehrt wiederum könnte sich die Jungfrau von der diplomatischen Seite der Waage eine Scheibe abschneiden.

Grundsätzlich kann man sagen, dass bei dieser Kombination zwei sehr unterschiedliche Temperamente aufeinandertreffen, die das Leben aus verschiedenen Blickwinkeln betrachten. Das lässt die Möglichkeit offen, sich gegenseitig kreativ zu befruchten oder nervtötend auf den Geist zu gehen. Eine spannende Verbindung!

Die Waage und die Waage

♎♎ *Achtung vor Routine*

Es bedarf keiner Frage, dass zwei Waagen sich verstehen. Sie sprechen dieselbe Sprache und teilen viele Interessen miteinander. Es ist eine Gemeinsamkeit, die ihnen gewissermaßen naturgegeben zu eigen ist.

Die wichtigsten Werte zwischen zwei Waagen werden daher ebenfalls Ästhetik, Kunst und Partnerschaftlichkeit sein. Darauf achten sie beide mit großem Einsatz. Die Ähnlichkeit der persönlichen Werteskala stellt aber zugleich das größte Problem dar. Es ist ziemlich wahrscheinlich, dass zwischen zwei Waagen nach einer gewissen Zeit des kreativen Austausches die Routine Einzug hält und schließlich die Oberhand über die Inspiration gewinnt. Von diesem Augenblick an beginnt die Beziehung schwierig zu werden.

Wenn zwei Waagen eine erfüllende Beziehung miteinander eingehen wollen, kommt es darauf an, die Langeweile, Eintönigkeit und tödliche Routine schon im Keim zu ersticken. Keine leichte Aufgabe.

Waage und Waage sind eine Beziehung mit einem offenen Ende!

Die Waage und der Skorpion

 *Die Dezente und der Direkte*

Zwischen den im Sternzeichen der Waage Geborenen und jenen des Zeichens Skorpion knistert es ziemlich. Spannungen und Konflikte sind angesagt!

Skorpione sind der Waage grundsätzlich suspekt. Dieses forsche, überaus direkte Zeichen kennt wenig Hemmungen und bedroht die Waage in ihrem sicheren Hafen, in dem Windstille und friedliches Wasser vorherrschen.

Skorpione übernehmen gerne das Kommando, eine Eigenschaft, die Waagen nicht gerade in Begeisterungsstürme ausbrechen lässt. Hier gibt es noch einen erheblichen Erklärungsbedarf.

Und dann die Eifersucht! Wenn der Skorpion bei diesem Thema wieder einmal den Stachel zückt, um gegen die Waage vorzugehen, wird diese, die vielleicht gerade wieder einmal in großer Flirt-Laune war, vor der sich anbahnenden Szene Reißaus nehmen.

Wie soll sich in diesem Spannungsfeld eine liebevolle Beziehung entwickeln? Wirklich schwer zu sagen!

Die Waage und der Schütze

Die Sinnfrage entscheidet

Waagen und Schützen sind eine interessante Kombination. Die Entschlossenheit und Zielgerichtetheit des Schützen nimmt der Waage so manches ab, was sie grübelnd im Herzen bewegt. Hier lassen sich Prozesse durch den Schützen erheblich beschleunigen. Schütze-Menschen sind zudem ausgesprochen gesellig und lebensfroh, was auch für die Verbindung spricht.

Waagen und Schützen werden weiterhin keine Schwierigkeiten im kommunikativen Bereich haben. Es fehlt ihnen fast niemals der Gesprächsstoff, der zudem sehr vielfältig sein dürfte.

Das Problem stellt sich eher von seiner grundsätzlichen Seite her. Der Schütze, eines der idealistischsten Zeichen im Tierkreis, gibt sich nicht mit Oberflächlichkeit ab. Er sucht nach dem Sinn des Lebens.

Die alles entscheidende Frage zwischen Waage und Schütze wird daher jene sein, ob die Waage mit dem Schützen auf dem geistigen Weg mitgeht. Trennen sich auf diesem Feld ihre Wege, so trennen sie sich auch im Leben.

Die Waage und der Steinbock

 Die Waage wird stabilisiert

Eine Kombination, die sich als sehr ausgleichend und stabilisierend herausstellen kann. Auf einen Steinbock kann man sich verlassen, er hält, was er verspricht. Natürlich liebt die Waage, die doch eher ein Luftikus ist, diesen Wesenszug. Natürlich kann das im Extrem auch zum Konflikt führen, wenn die Waage gerade durch das Leben tanzen möchte, während der Steinbock sich eher spröde und verschlossen gibt. Der Tanz durchs Leben ist nicht unbedingt die Grundnote für den Steinbock.

Der Erfolg der Verbindung zwischen Waage und Steinbock wird sich daran entscheiden, wie viel Bereitschaft auf jeder Seite vorhanden ist, die unterschiedliche Natur des anderen anzuerkennen und in das eigene Persönlichkeitsprofil zu integrieren. Gelingt dies, könnten die beiden eine nahezu ideale Ergänzung abgeben.

Die Waage und der Wassermann

Zwei Schmetterlinge

Zwischen den beiden Luft-Zeichen Waage und Wassermann gibt es eine natürliche Attraktion. Sie werden sich von Anfang an anziehend finden und gemeinsam durch das Leben flattern. Zwei Schmetterlinge auf vergnügtem Erkundungsflug, die viel Freude miteinander erleben werden.

Der Wassermann bringt in diese Beziehung neue Ideen und interessante Impulse ein. Mit seiner extrovertierten Art ist er zudem stets offen für Ungewöhnliches und Unbekanntes.

Mit der Waage und dem Wassermann treffen sich allerdings zwei große Flirter. Da könnte sich möglicherweise Zündstoff ansammeln.

Noch problematischer wird es allerdings, wenn beide anfangen, miteinander über alle möglichen Fragen des Lebens große Theorien auszutauschen. In solchen Fällen ist ein Streit nahezu unvermeidbar. Am besten wäre es, wenn die Waage und der Wassermann sich auf die Praxis konzentrierten und die Theorie Theorie sein ließen.

Die Waage und der Fisch

 *Ein zartes Band*

Die Verbindung zwischen der Waage und einem Fisch wird eine Beziehung der leisen Töne sein.

Fische sind überaus sensible Wesen, die außerdem eine große Neigung zur Romantik und zur Schönheit zeigen. Gerade die letztgenannte Qualität wird die Waage überaus zu schätzen wissen.

Neben der Ästhetik wird die Waage bei den Fischen auch die Zärtlichkeit zu schätzen wissen. Hier können sich stilvolle Kuschelstunden ergeben, die beide Seiten genießen und lieben werden.

Auch in kontroversen Fragen wird es zwischen der Waage und dem Fisch überaus leise zugehen. Keine der beiden Seiten wird dem oder der anderen eine laute Szene hinlegen. Vielleicht gibt es auf der Seite des Fisches ein paar Tränen, welche die Waage aber mühelos zu trocknen vermag.

Eine Kombination der stillen Genießer, die große Möglichkeiten bietet!

Sexualität:
Der Waage-Mann

Der Gentleman-Lover

Vor allem sehr stilvolle, ästhetische Frauen werden
dem Waage-Mann zugeneigt sein, der sich auch als
Liebhaber zu benehmen weiß. So wild kann es gar
nicht kommen, dass der Waage-Mann aus der Rolle
fällt. Oder liebt man da doch etwas mit „angezogener
Handbremse"?

Der rechte Mann am rechten Platz

Der Waage-Mann kann sich nicht „einfach so" in ein
Abenteuer stürzen. Für die ganz besonderen Stunden
muss auch der Rahmen stimmen. Er wird von daher
immer darauf achten, eine passende und angenehme
Umgebung für seine Liebesbeziehungen zu schaffen.
Die äußere Harmonie ist für ihn wichtig, um sich innerlich öffnen zu können.

Bestätigung erwünscht

Der Waage-Mann strotzt nicht gerade derart vor
Selbstbewusstsein, dass er keine Bestätigung benötigt.
Ganz im Gegenteil. Er reagiert äußerst wohlwollend
auf Komplimente und erwartet sie auch im Grunde
seines Herzens. Von dieser Ebene aus kann er dann
ganz in die Intimität einer Beziehung eintauchen.

Sie darf führen

Die Machos des Sternkreises sind kaum unter dem
Zeichen der Waage geboren worden. Daher stellt es für
eine männliche Waage kein Problem dar, seiner Partnerin die Führung in der Beziehung zu überlassen. Sie
gehen dann mit und gerne auch ein Stück weiter ...

Es sollte jedoch niemals geschehen, dass „sie" ihm
eine Szene macht; denn nichts hasst die Waage mehr.
Er wird sich vielleicht noch mit einer Portion Zynismus wehren; aber dann ist die Beziehung passé.

Der Genießer

Der Waage-Mann ist verspielt wie ein Kind und liebt
Zärtlichkeiten. Er genießt die Liebe und ist bereit für
die sich zwischen ihm und seiner Partnerin entwi-
ckelnde Sinnlichkeit. Er wird allerdings Wert darauf
legen, dass sie nicht zu grell geschminkt ist, und auch
die Beschaffenheit der Dessous ist ein Thema, das der
Waage-Mann nicht unbeachtet lässt!

Wenn aber alles stimmt, kann es langsam losgehen.
Mit Stil genießen, nicht hektisch!

Vertrauen ist die Basis

Liebe wie auch Sexualität entwickeln sich beim
Waage-Mann auf der Basis von Partnerschaft und
Vertrauen und stellen für ihn eine Kunst und eine
hohe Schule dar. Jede Form von Grobheit, davor, während und danach, lassen ihn unweigerlich zurück-
schrecken.

Sexualität:
Die Waage-Frau

Die gefühlvolle Wissende

Waage-Frauen sind logisch veranlagt. Daher wissen sie viel über die Liebe; denn dieses Thema, wie Beziehungen allgemein, beschäftigt sie. Ihre Gefühle sind allerdings nicht selten hinter einem Berg von theoretischem Wissen verborgen. Diese Art macht sie aber auf die Männerwelt ungemein anziehend. Die unbekannte, aber erahnte Tiefe wirkt extrem attraktiv.

Liebe mit Anspruch

Die „schnelle Nummer" wird es mit einer stilvollen Waage-Frau kaum geben. Sie liebt Männer mit Anspruch, die auch im Bett Stil und Niveau verkörpern. Es ist nicht auszuschließen, dass eine Waage-Frau eine eingehende Diskussion über die Malerei der Renaissance als anregenderes Vorspiel empfindet als eine wilde Anmache.

Die verborgene Romantikerin

Tief in ihrem Inneren ist die Waage-Frau eine große Romantikerin. Sie liebt es, umworben zu werden, und wird das auch nach außen zeigen. Dabei spielen dann auch Geschenke und Komplimente eine große Rolle.

Wenn diese äußere Komponente für sie stimmt, kann sich auch die intime Seite entfalten.

Liebesnacht nach Plan

Die Waage-Frau wird eine Liebesnacht niemals dem Zufall überlassen, dafür ist sie ihr zu wichtig. Sie wird bestens vorbereitet in den Abend gehen. Das Kerzenlicht, die Musik, die Kleidung, dies alles wird harmonisch und stilvoll aufeinander abgestimmt sein und zusätzlich wird sie von einem betörenden Duft umgeben sein.

Eine Waage-Frau weiß einfach, wie man „es" macht, zumindest theoretisch. Damit sie ihr Wissen auch anwendet, bedarf es seitens ihres Partners allerdings eines erheblichen Fingerspitzengefühls, um sie nicht in die innere Emigration zu treiben.

Das spezielle Liebesspiel

Als große Ästhetin wird die Waage-Frau die Liebesnacht in einer Art zelebrieren, wie sie vielen Männern bisher unbekannt war. Sie bringt eine spezielle Note in die Nacht ein, die dann auch ziemlich lange dauern wird.

Und am nächsten Morgen dürfen Sie natürlich auf keinen Fall vergessen, ihr sanft ins Ohr zu flüstern, wie unsagbar schön diese Nacht war.

Persönliche Notizen

Gesundheit

KAPITEL 4

Allgemeine Ratschläge

Umweltprobleme

Die Gesundheit der Waage-Menschen ist nicht selten durch die Umwelt beeinträchtigt. Waagen benötigen ein überdurchschnittliches Maß an Harmonie in ihrem Leben. Stellen sich diesbezüglich Defizite ein, führt dies die Waage fast zwangsläufig in die Krankheit. Dazu bedarf es nicht einmal dramatischer Geschehnisse, sondern bereits der Kollege, der sie immer wieder angiftet, ist schlechterdings zu viel für die Waage.

Ärger macht krank

Im Ärger über irgendwen oder irgendetwas liegt eine der Hauptquellen für Erkrankungen bei den Waage-Menschen. Ärger geht ihnen einfach an die Nieren. Mehr als andere Tierkreiszeichen sollten die Waagen ihr Augenmerk darauf richten, innerlich und äußerlich in Harmonie zu leben. Andernfalls rächt sich dies durch körperliche Defizite in Form von kleinen Zipperlein oder ausgeprägten Krankheiten.

Bewegung tut gut

Zumeist sind Waagen ausgeglichene Gesellen, die auch gesundheitlich relativ unbeschwert durchs Leben gehen. Allerdings stellt sich bisweilen in der Lebensmitte eine gewisse Trägheit ein, der sie unbedingt mit körperlichen Betätigungen begegnen sollten.

Gebremste Eitelkeit

Waagen sind nun einmal überaus modebewusst und bringen ihre meist schlanken Körper gerne zur Geltung. Dagegen ist natürlich nichts einzuwenden, solange die Dinge im Rahmen bleiben. Es wäre wirklich töricht, jede Pseudowelle geldgieriger Modefreaks mitzumachen. Der gute Rat an die Waage kann daher lauten: Den Gürtel nicht zu eng schnallen und im Winter warme Kleidung tragen. Gesundheit geht hier vor Eleganz.

Die Schwachzonen der Waage

Die Nieren

Der Spruch: „Das geht mir an die Nieren!" könnte von einer Waage geprägt worden sein. Die Nieren sind die Schwachstellen der Waage. Alle Formen von Stress, Disharmonie und Überbelastung schlagen ihr auf die Nieren. So wird es nicht verwundern, dass es bei den Waagen vielfach zum Auftreten von Nierensteinen kommt.

Da Waagen kaum aus ihrer Haut können und besonders empfindlich für disharmonische Einflüsse sind, wäre es ihnen anzuraten, einen inneren Ausgleich zu schaffen oder psychisch vorbereitet zu sein, wenn Stresssituationen einfach nicht zu vermeiden sind.

Vor Übertreibung wird gewarnt

Waage-Menschen leben überaus körperbetont. Ihr Körper ist ihnen außerordentlich wichtig und sie richten ihr ganzes Augenmerk auf seine Funktionsweisen. Manche Waagen entwickeln in ihrer Verliebtheit in den eigenen Körper geradezu narzisstische Tendenzen.

Im Extremfall kann das dazu führen, dass beispielsweise Fastenkuren durchgeführt werden, bis die Körpersubstanz angegriffen ist. Solche Formen von Extremismus können natürlich nur negative Ergebnisse zeitigen.

Alkohol nur in Maßen

Der Genuss von Alkohol stellt für Waagen ein delikates Gebiet dar. Da bei ihnen die Nieren ohnehin zu den Problembereichen zählen, sollten sie sich vor jeglicher Form von Alkoholmissbrauch hüten. Die Geburtstagsfeier, die feucht-fröhlich bis in die frühen Morgenstunden geht, wird nicht das Problem darstellen; aber wenn es regelmäßig zu reichlichem Alkoholgenuss kommt, wird der Körper der Waage ein erstes Warnsignal senden. Dieses sollte gerade sie nun wirklich nicht überhören!

Nebenwirkungen

Der Problembereich Niere kann auch für andere Krankheitsfelder verantwortlich sein. Darunter fallen in erster Linie Schlafstörungen und Konzentrationsprobleme. Auch wenn es auf den ersten Blick keine Verbindung gibt, führt ein näheres Hinschauen schließlich doch zu den Nieren. Der beste therapeutische Ansatz für die Waage wäre es daher, auf innere Ausgeglichenheit zu achten. Schließlich ist sie ja auch sonst in der Lage, Situationen zu prüfen und entsprechend abzuwägen.

Ein guter Rat an die Waage

Abstand nehmen

Der vielleicht wertvollste Ratschlag für eine Waage müsste lauten, Äußerlichkeiten nicht so überaus wichtig zu nehmen, sondern sie zu relativieren. Wenn dieser Rat angewendet wird, befindet sich die Waage schon auf dem richtigen Pfad.

Körperliche Signale wollen in den meisten Fällen der Waage nur andeuten, dass die „rote Lampe" aufleuchtet, weil sie wieder einmal überreagiert. Der Grund dafür kann in unbewältigten inneren Prozessen liegen oder ganz einfach in der Tatsache, dass die Waage wieder einmal mit den falschen Menschen zusammen war. In diesem Fall kommt die Reaktion immer sehr prompt!

Sport entspannt

Die im Zeichen der Waage Geborenen sind in fast allen Situationen des Lebens mit dem Kopf bei der Sache. Aus diesem Grund wäre es unbedingt wünschenswert, dass sie auch öfter einmal ihre Füße spüren. Von daher wäre Sport für die Waagen ein absolutes Muss!

Alles, was der Waage hilft, einmal ganz abzuschalten, ist zu begrüßen. Ganz abgesehen davon, dass ihr Körper ohnehin einen Ausgleich und einen Bewegungsschub benötigt.

Zwei Tipps der Sternenweisheit

Die astrologischen Erkenntnisse geben der Waage zwei weitere gute Ratschläge mit auf den Weg: Zum einen soll sie auf die Nebenschilddrüsen achten, die von der Astrologie der Waage zugeordnet werden; und zum anderen sollte sie sich um einen ausgewogenen Kalziumhaushalt kümmern. Hier kann schon ein kurzer Abstecher in die Apotheke sehr segensreich sein.

Die Zeit im Bett

Wenn es die Waage doch einmal so richtig erwischt hat und sie das Bett hüten muss, sollte sie es sich so angenehm wie möglich machen. Eine schöne, behagliche und ansprechende Umgebung hilft vor allem den Waagen, schneller wieder auf die Beine zu kommen. Da kann schon ein schöner Blumenstrauß und ein frischer Bettbezug in warmen Farben Wunder wirken.

Sanfte Heilweisen für die Waage

Co-Counselling

Für die Waage, die gerne alle Dinge oder Situationen aus den verschiedensten Perspektiven betrachten möchte, bietet das Co-Counselling eine geradezu ideale Therapieform. Co-Counselling ist eine Methode aus der modernen Psychotherapie, durch die Menschen einander ohne das Eingreifen von Psychotherapeuten helfen können. In der Regel bedeutet dies, dass Therapeut und Klient die Plätze tauschen und zu einem gleichberechtigten Austausch finden. Das klassische Rollenverhalten wird also aufgehoben, was gerade den Waagen sehr entsprechen wird. Es kommt dann zu einem weniger von Emotionen beladenen Dialog, der aus der Freiheit des Gesprächs zu tiefen Einsichten und seelischen Heilungen führen kann.

Shiatsu

Die Shiatsu-Massage ist eine japanische Form der Akupunktur, die häufig in Kombination mit dieser angewandt wird. Bei diesem therapeutischen Ansatz gibt es auch Berührungspunkte mit dem *Rolfing*. Die Absicht der Behandlung ist es, tiefere Gewebsschichten anzusprechen und alte, fest verhaftete Blockaden im Körper zu lösen. Alte Muster sollen abgelöst werden und durch ein neues, gesünderes Programm ersetzt werden.

Gruppentherapie

Die gesellige und aufgeschlossene Waage kann in der Gruppentherapie, einem neueren Ansatz in der Psychotherapie, innere Kräfte freisetzen, die bisher blockiert waren. Zusätzlich vermag der Waage-Mensch sich einen neuen Kontext zu erarbeiten, in dem sich das Leben und seine wesentlichen Beziehungen abzuspielen (oder zu ereignen!) vermögen.

Akupunktur

Ähnlich wie schon beim Shiatsu konnen durch die Akupunktur tiefsitzende Blockaden im Körper aufgelöst werden. Der freie Fluss der Körperenergie, das „Chi" der chinesischen Weisen, wird wiederhergestellt und somit eine neue Vitalität geschaffen.

Die Blockaden, die bei einer Waage teilweise auch vom Kopf gesteuert wurden, werden so auf harmonische Weise gelöst.

Das Bachblüten-Mittel

Kaum eine andere sanfte Heilweise hat in den vergangenen zehn Jahren eine solche Erfolgsstory aufzuweisen wie die Blütenmittel von Dr. Edward Bach. Ihre geniale Einfachheit macht das Geheimnis ihres Erfolges aus. Für jedermann leicht anwendbar, sind die Pflanzenessenzen dennoch überaus wirksam.

Das Bachblüten-Mittel für die Waage ist
SCLERANTHUS (Einjähriger Knäuel).

Die Waage steht an siebter Stelle des Tierkreises, dem Widder gegenüber. Zu Beginn des Zeichens Waage steht der Herbstanfang. Astrologisch betrachtet, hat der Mensch damit die Hälfte seines Evolutionsweges zurückgelegt. Da der Mensch oft zwischen persönlichem Fortschritt und Rückschritt schwankt, ist er hier auf halbem Wege gleich weit von seinem Ursprung und seinem Ziel entfernt. Da die Waage genau in der Mitte zwischen beiden Punkten liegt, befindet sich der Mensch in einem Zustand der Unsicherheit hinsichtlich seines wahren Wesens und seines Ursprunges und Zieles.

Dieses Problem der Unsicherheit und der Suche nach einem neuen Gleichgewicht charakterisiert das Hauptanliegen der Waage: Alternativen abzuwägen, um dann die richtige Entscheidung zu treffen. „Ich wäge ab" lautet der Leitsatz dieses Sternzeichens!

Die Waage fühlt sich verpflichtet, dies mit vollkommener Gerechtigkeit zu tun. Das ist keine leichte Aufgabe, da die Waage sich häufig nur schwer zu etwas entschließen kann.

Durch die besonderen Eigenschaften ihrer Lage im Tierkreis stellt die Waage jenes Zeichen dar, das als bestes Beispiel für das Paradoxe dient. Indem wir Waage-Methoden des Vergleichens und der Mäßigung einsetzen, gewinnen wir letztendlich wahres Wissen.

Scleranthus – Einjähriger Knäuel

Der Mensch, der Scleranthus braucht, leidet unter Entschlusslosigkeit. Zögernd und unsicher, wird er leicht unausgeglichen und wirr. Er kann sich einfach nicht entschließen. Sein Verhalten schwankt zwischen

Extremen hinsichtlich seiner Geistes- und Gemüts-
verfassung und da er nicht gerade zu den kräftigen
Menschen gehört, besteht eine Neigung zu Nervenzu-
sammenbrüchen. Oft leidet er an Schwindelgefühlen.
Da er seinem Wesen nach ruhig und friedliebend ist,
erbittet er in seiner Entschlusslosigkeit keinerlei Rat,
wie es etwa der Cerato-Typ (Zwilling) tun würde. Außerdem bringt eine Fülle von Möglichkeiten ihn nicht
sofort aus der Fassung. Die Unsicherheit entsteht nur,
wenn er zwischen zwei Möglichkeiten zu wählen hat.
Die Wahl fällt ihm schwer und er ringt sich schließlich
zu einem Entschluss durch, der auf seinem eigenen
Urteil beruht. Dies wird wahrscheinlich einige Zeit
dauern. Aus diesem Grunde neigt er zu Verzögerun-
gen, nicht aus Furcht vor den Konsequenzen, sondern
aufgrund seiner Unentschiedenheit.

Diesen Menschen mangelt es an Konzentration
und Überzeugungskraft, weshalb sie unentschlossen
wirken. Jene Haltung resultiert daraus, dass sie beide
Seiten eines Problems erkennen und beiden Seiten
gerecht werden möchten. Auch möchten sie beliebt
sein – ein starkes Bedürfnis beim Scleranthus-Typus.

Konstruktive Scleranthus-Menschen sind ruhig
und sicher in Bezug auf Entscheidungen. Sie besitzen
genug Selbstvertrauen, um zu wissen, wann – und ob
überhaupt – eine Entscheidung notwendig ist. Um-
sichtig, scharfsinnig, gelassen und besonnen, strahlen
sie nach außen innere Harmonie aus.

Weil sie gerecht und edel sind wie Salomon, erbittet und achtet man ihren Rat. In ihnen finden wir den
vollendeten Waage-Menschen wieder, der Güte und
Weisheit verkörpert.

Das Aura-Soma-Mittel

Eine weitere sanfte Heilweise ist die Aura-Soma-The-
rapie, eine Kombination aus Aroma-, Farb- und Licht-
therapie. Da die vielen Ölfläschchen, die wunderbar
duften und sehr schön anzuschauen sind, nicht allgemein zu einem Sternzeichen zugeordnet werden können, empfiehlt es sich, einen der vielen Aura-Soma-
Therapeuten zurate zu ziehen, die heute praktisch in
jeder mittelgroßen Stadt anzutreffen sind.

Essen und Trinken

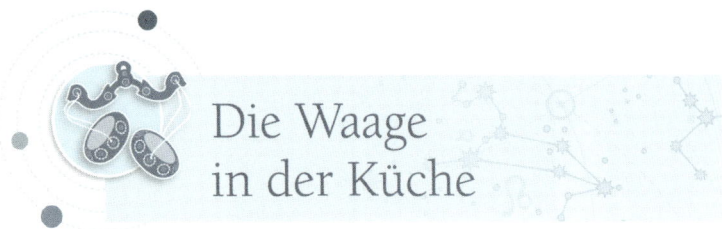

Die Waage in der Küche

Mit den Augen essen

Waagen sind selten Köche oder Köchinnen aus Leidenschaft. Trotzdem können sie mit viel Geschick kulinarische Köstlichkeiten auf den Tisch des Hauses zaubern. Dabei wird dieser Tisch dann in vollendetem Glanz erstrahlen.

Waagen essen nämlich mit den Augen! Die kunstvoll plazierte Tischdekoration kann dabei von größerer Bedeutung sein als das Essen selbst; denn wenn die Waage sich schon in die Küche begibt, dann muss nicht nur das Essen stimmen, sondern vor allem der Rahmen.

 Das festliche Abendessen wird dann zelebriert!

Kein Dosenfutter

Wenn die Waage kocht, was, wie gesagt, nicht allzu häufig geschieht, dann darf es auch ein wenig komplizierter sein. Schließlich muss es auch für sie selbst etwas Besonderes sein.

Außerdem legt die Waage Wert darauf, dass in diesem Fall auch jede Menge Gäste kommen. Wozu sollte sonst der ganze Aufwand dienen?

Die Küche als Treffpunkt

Die kommunikative Waage würde am liebsten auch ihre Küche zum Treffpunkt umfunktionieren. Sie sollte behaglich sein und Raum für ein gemütliches Schwätzchen geben, während nebenbei etwas Ungewöhnliches in Topf und Pfanne köchelt.

Waagen verabscheuen es, allein im stillen Küchenkämmerlein zu kochen. Wie langweilig!

Das Schnellgericht

Ergibt sich die Gelegenheit für das gemeinsame Essen nicht, wird die Waage für sich allein keinen großen Aufwand betreiben. Sie spart Zeit, indem sie ein weitgehend fertiges Schnellgericht zubereitet. Falls selbst das zu viel des Aufwandes wäre, muss auch ein Brot genügen; allerdings mit einem exklusiven Belag. Das ist sie sich dann doch wert!

Die Waage und ihre Gäste

Hungrig ankommen

Wenn Sie bei einer Waage zu Gast sind, sollten Sie niemals den Fehler begehen, zur Sicherheit schnell noch ein paar Schnittchen zu essen. Das wäre kapitale Verschwendung!

Wenn die Waage Gäste erwartet, so wartet sie standesgemäß mit einem mehrgängigen, opulenten Menü auf. Ihnen wird das Wasser im Munde zusammenlaufen! Daher sollten Sie unbedingt hungrig antreten.

Vergessen Sie aber bitte nicht, spätestens nach dem sechsten Gang, der Waage Ihre tiefe Bewunderung für ihre exzellente Kochkunst zum Ausdruck zu bringen. Es erhöht auch immens Ihre Chance, beim nächsten Festmahl wieder mit von der Partie zu sein. Es wird allerdings ein Weilchen auf sich warten lassen.

Die Tafel

Der Tisch der Waage kann kaum noch mit dem bescheidenen Wort „Tisch" charakterisiert werden. Hier muss man einfach von „Tafel" sprechen. Sie wird wundervoll gestaltet sein, voller Originalität und Pracht. Vielleicht eine Mischung aus modernen Accessoires und ausgewähltem antiken Geschirr. Ein wahres Fest für das Auge!

Und dann wird aufgetafelt! Hier wird Ihnen dann wieder der Sinn des Ratschlages deutlich, unbedingt ausgehungert bei Waagen zu erscheinen. Nehmen Sie Platz, genießen Sie alle Schönheit und fühlen Sie sich wohl; denn genau das hat die Waage beabsichtigt.

Das Gastgeschenk

Waagen gehören auch zu jenen Gastgebern, bei denen das Gastgeschenk obligatorisch ist. Es gehört bei einer Waage einfach zum guten Ton; und den wollen Sie sich doch sicher nicht absprechen lassen.

Dafür werden Sie einen geselligen Abend unter aufgeräumten Leuten verbringen, denn die Waage wird keine Langweiler eingeladen haben. So wird es ein Abend und Bauch füllendes Fest für alle Sinne!

Geistreiche Gäste bevorzugt!

Am Tisch (an der Tafel!) der Waage wird ausgelassen über Gott und die Welt diskutiert. Allerdings in angemessener Stimmlage!

Waagen sind daher interessiert, geistreiche Gäste um sich zu versammeln. Dabei darf es ruhig kontrovers zugehen, denn dann kann die Waage ihre Lieblingsrolle spielen – die Vermittlerin! Sie wird für alles und jeden ein passendes Wort bereithalten und selbst die gegensätzlichsten Positionen durch irgendeinen geschickten Dreh miteinander aussöhnen.

Sollte einmal eine Situation eintreten, wo wirklich die Positionen verhärtet sind und kein Kompromiss in Sicht ist, wird sie ihren besten Trumpf ausspielen: den siebten Gang!

Gegen diesen Nachtisch, vom Schleckermäulchen Waage serviert, kann nun wirklich keiner mehr etwas sagen. Da streckt jeder die Waffen und greift zum Dessertlöffel.

 Wieder einmal hat die Waage Frieden gestiftet. Und was für ein süßer Frieden!

Die Lieblingsgerichte der Waage

Waagen sind den kulinarischen Genüssen in keiner Weise abgeneigt. Sie lieben erlesene, ungewöhnliche Speisen, natürlich in absolut harmonischer Umgebung. Das ist von entscheidender Bedeutung! Die milchigen Gläser könnten ihr den besten Wein vermiesen und das Besteck, das noch die Wasserränder der Spülmaschine aufweist, den Appetit verderben. Die Waage tafelt nun einmal mit den Augen.

Waagen können vielen Gerichten etwas abgewinnen, allerdings sollte man sie mit Eintöpfen oder Omas Kochkunst besser verschonen. Leichte Speisen, die allerdings etwas hermachen, sind für Waagen ideal. Ein paar exotische Gewürze, duftende Kräuter und vielleicht ein paar Blüten im Salat, dies wäre so ganz nach dem Geschmack der Waage. Daher wird sie, grundsätzlich betrachtet, am ehesten die französische Küche vorziehen.

Ein typisches Waage-Rezept:
AUBERGINEN BURGUNDER ART

4 Auberginen	3 Knoblauchzehen
4 grüne Paprika	4 scharfe kalabrische Peperoni
500 g Tomaten	Olivenöl
100 g Pinienkerne	Salz, Pfeffer
50 g Kürbiskerne	frischer Oregano
500 g rote	frisches Basilikum
Zwiebeln	frische Petersilie

Man wasche die Auberginen und lasse sie in einem großen Topf bei ausgiebiger Hitze ca. sieben Minuten kochen. Dann abschrecken und gut abtrocknen.

Die Auberginen längs halbieren und aushöhlen. Dabei muss darauf geachtet werden, dass der Rand nicht zu dünn gerät, um später die Füllung zu halten. Das ausgehöhlte Fleisch der Auberginen in Stücke schneiden und zur Seite legen.

Für die Füllung müssen Knoblauch und Zwiebeln klein gehackt und die Paprikaschoten in kleine Stücke geschnitten werden. Auch die Tomaten müssen geschält und fein gewürfelt werden.

Die Pinien- und Kürbiskerne werden anschließend in einer Pfanne leicht geröstet und mit Pfeffer gewürzt. Nun gibt man die Peperonis dazu (auch zerkleinert!) und brät das Ganze leicht an. Jetzt folgt das Gemüse. Alles wird dann gemeinsam gut gewürzt und wenige Minuten bei mittlerer Hitze gedünstet.

Zum Schluss wird die Gemüsefüllung in die Auberginen gegeben, evtl. etwas geriebener burgundischer Käse darübergestreut und das Gemüse ca. 10 Minuten im Ofen gegart.

Die Lieblingsgetränke der Waage

Wie sollte es auch anders sein, eine Waage kann sich nur schwer in Bezug auf ihre Vorliebe für Rotwein oder Weißwein entscheiden. Im Zweifelsfall wird sie von jedem eine Flasche servieren.

Sollte sie „Auberginen Burgunder Art" servieren, wird sie natürlich einen edlen Burgunder, vielleicht aus Beaune, servieren. Vor allem auch wegen der wundervollen Gläser. Den Wein darin zu schwenken und den herrlichen Burgunder-Duft zu genießen, wird der Waage allein schon den Abend versüßen.

Wie man eine Waage verwöhnt

Nur mit Stil

Wenn Sie den Abend ruinieren wollen, gehen Sie mit der Waage in eine verrauchte, nach verschüttetem Bier riechende Szene-Kneipe. Das war's dann!

Wenn Sie eine Waage wirklich verwöhnen wollen, müssen Sie den Abend gut planen. Es muss einfach alles passen und auf die Bedürfnisse der Waage zugeschnitten sein!

Ein französisches Feinschmeckerlokal wäre eine gute Wahl. Hier sind Sie mit der Speisekarte schon einmal auf der sicheren Seite.

Dann sollte es elegant sein – darauf wird die Waage großen Wert legen. Das Licht darf nicht zu grell sein, aber sie möchte die Speisekarte auch nicht über der Kerze anzündeln, weil sie vor lauter Dunkelheit nicht lesbar ist.

Achten Sie weiterhin auf das Benehmen des Kellners. Der Mann muss Stil haben!

Wenn alle diese Faktoren stimmen, wird es ein gelungener Abend. Es sei denn, Sie haben schon vorher vor Stress die Lust verloren.

Aber wer wird denn so schnell aufgeben, wenn es doch um eine echte Waage geht! Es zahlt sich später aus; denn der Abend ist ja noch lang!

Ein kleines Geschenk

Es kann nie schaden, die Waage vor dem Essen mit einem kleinen Geschenk zu überraschen. Es muss nichts Kostbares sein, aber stilvoll! Sie schenken Ihrer umworbenen Waage damit das Gefühl, dass sie Ihnen besonders viel bedeutet. Zu einem solchen Anlass wäre dies ein guter Schritt in die richtige Richtung!

Kultur vor dem Essen

Wie Sie ja wissen, ist die Waage ein kulturell äußerst interessiertes Wesen. Daher würde es sich anbieten, am späten Nachmittag dem Kulturleben Ihrer Stadt einen Besuch abzustatten. Vielleicht läuft im Museum oder in der städtischen Kunstgalerie gerade eine interessante Ausstellung. Ihre Waage wird mit Begeisterung mit Ihnen durch die Hallen wandern!

Planen Sie eher ein spätes Abendessen, könnte vorher ein Konzertbesuch stehen oder eine hervorragende Ballett-Inszenierung. Auch hier wird die Waage in ihrem Element sein. Damit haben Sie eine hervorragende Grundlage für das weitere Zusammensein gelegt.

Natürlich dürfen Sie nicht vergessen, sich bei allen kulturellen Aktivitäten trotzdem engagiert um Ihre männliche oder weibliche Waage zu bemühen. Sie wird es sicher bemerken!

Genießer oder Asket

Die ausgeglichene Waage

Waagen haben, wer hätte etwas anderes erwartet, Züge von beiden Seiten. Ihre Körper weisen in vielen Fällen eher asketische Züge auf. Wobei die Waage hier Gefahr laufen kann, etwas zu übertreiben, wie im Falle der ausgedehnten Fastenkur bereits angesprochen.

Auf der anderen Seite kann sie sich auch mit großer Leidenschaft bestimmten Süßigkeiten zuwenden, die wahrlich nicht gerade die schlanke Linie fördern. Trotzdem wird die Waage hier nur schwer widerstehen können.

In letzter Konsequenz wird die Waage sich dann aber doch selbst Einhalt gebieten, schon weil es „der Anstand" verlangt.

Genuss mit Stil

Waagen zeigen wenig Sympathie für große Trink-
gelage oder den Bauch füllende Völlereien. Trotzdem
neigen sie sich den weltlichen und kulinarischen Genüssen zu, wenn es denn wirklich welche sind. Hier
sind Waagen ganz besonders wählerisch.

Komponiert sie dann allerdings ihr berühmtes
Zehn-Gänge-Menü, wird die Waage es selbst auch
von Anfang bis Ende genießen, wenngleich sie wahrscheinlich von jedem Gang eher nur nascht, als ihn
wirklich aufzuessen.

Die Waage als Kind

Die kleine Waage

Das Sensibelchen

Waage-Kinder sind in den meisten Fällen äußerst sensible Wesen, die stark auf Einflüsse von innen und außen reagieren. Zudem haben kleine Waagen zumeist einen sehr zarten Körperbau. Es kommt daher darauf an, sie vor belastenden Einflüssen zu beschützen und ihre physische Konstitution zu stärken, so gut es geht.

Waage-Kinder bedürfen der besonderen Aufmerksamkeit ihrer Eltern und einer umsichtigen Betreuung seitens des Kindergartens oder der Schule.

Die Harmonie in der Familie

Kleine Kinder reagieren in allen Fällen sehr stark auf Schwierigkeiten innerhalb ihrer familiären Umgebung. Sobald ihre vertraute Umgebung in Gefahr zu geraten scheint, zeigen sie starke Anzeichen von Verunsicherung. Wie sollte es auch anders sein.

Waage-Kinder sind nun ganz besonders berührt, wenn es innerhalb der Familie zu Streitigkeiten kommt. Sie sind sehr schnell aus dem Gleichgewicht zu bringen und benötigen viel Zuwendung, um dieses wiederherzustellen. Streit in der Familie bedrückt sie und führt nicht selten zu einer inneren Verschlossenheit, die auf Angst gründet.

Um kleine Waagen aus solchen schwierigen psychologischen Situationen zu befreien, ist oft großer Einsatz seitens der Eltern und Erzieher gefragt.

Die freundlichen kleinen Waagen

Wenn innerhalb der Familie harmonische Verhältnisse herrschen, wirkt dies vor allem auf kleine Waagen besonders förderlich. Sie können dann ihr freundliches und zuvorkommendes Wesen angstfrei entfalten.

Schnell werden sie sich liebevoll um andere bemühen und ihre Herzlichkeit offen zeigen. Der Schutz der Familie bieten ihnen dafür genügend Sicherheit. Zudem werden bereits kleine Waagen eine Tendenz zeigen, bei ihren Spielkameraden und Spielkameradinnen im Kindergarten oder bei Schulfreunden und Schulfreundinnen gut anzukommen.

Vorsicht vor dem Fernseher

Als Eltern oder Pädagogen gilt es bei den kleinen Waagen vorrangig eines zu beachten: Die Kleinen müssen in Bewegung gehalten werden! Schon sehr früh wird sich bei einer kleinen Waage die Tendenz zu einer gewissen Bequemlichkeit, ja sogar einer phlegmatischen Ader zeigen.

 Bereits junge Waagen neigen dazu, sich das Leben gut einzurichten. Es kann ja alles sooo bequem sein!

Dieser problematischen Entwicklung gilt es früh Einhalt zu gebieten. Das Haupthindernis dafür dürfte bei kleinen Waagen der Fernseher sein. Er bringt ihnen die ganze Welt ins Haus. Wozu sich dann noch auf die Suche nach ihr begeben?!

Dieser Einstellung sollten Sie sehr früh entschieden begegnen, sonst wird sie sich bald in Ihrer kleinen Waage festgesetzt haben!

Viele Streicheleinheiten

Waage-Kinder benötigen überdurchschnittlich viele Streicheleinheiten. Sie sind sehr abhängig von den Liebesbezeugungen ihrer Eltern. Hier muss von ganz jungen Jahren an viel geherzt und gekuschelt werden. Es darf an Gutenachtgeschichten ebenso wenig gespart werden wie am Gutenachtkuss und dem Kuscheltier, das den Schlaf bewacht und süße Träume schenkt.

Kleine Waagen benötigen zudem ungewöhnlich viel Aufmerksamkeit und Zuwendung. Wenn es ihnen daran mangelt, verschließen sie sich leicht und entwickeln dadurch einen gewissen unerklärlichen Groll, der im Erwachsenenalter dann in Sarkasmus oder bitteren Zynismus umschlägt. Dieser Entwicklung kann jedoch durch liebevolle Zuwendung im Kleinkindalter wirkungsvoll begegnet werden.

Entscheidungskraft stärken

Waage-Kinder haben grundlegende Schwierigkeiten mit Entscheidungen und benötigen viel Unterstützung, wenn es darum geht, mit Mut langsam Eigenverantwortung zu entwickeln. Sich erstmals allein zu entscheiden, stellt für eine Waage einen großen Schritt ins Leben dar.

Waagen leiden ständig unter der Angst, jemandem durch ihre Entscheidung zu schaden oder zu verletzen. Dies behindert sie ernsthaft und erschwert es ihnen ungemein, eigene Entscheidungen zu treffen.

Ein klassisches Beispiel für kleine Waagen wäre die Situation, wo die Geburtstage von zwei Freunden oder Freundinnen auf denselben Tag fallen. Praktisch ein unlösbares Dilemma für kleine Waagen. Hier benötigen sie viel Hilfe und Ermutigung.

Mut zur Selbstständigkeit

Es ist von großer Wichtigkeit, Waage-Kinder früh an die Selbstständigkeit heranzuführen. Nur allzu gerne lassen sie andere für sich entscheiden und für sie Verantwortung übernehmen. Hier ist seitens der Eltern und Erzieher Mut zur falschen Entscheidung angesagt. Hier müssen gelegentlich auch einmal beide Augen zugedrückt werden und der Mund geschlossen bleiben. Korrigieren kann man später. Nur so lernt das Waage-Kind.

Kleine Aufgaben übertragen

Waage-Kinder sollte man schon früh mit kleinen Aufgaben betrauen. So könnte beispielsweise der Hund oder die Hauskatze von ihnen allein versorgt werden. Eine erste große Herausforderung für die kleine Waage!

Wichtig ist dabei allein der Umstand, dass diese Kinder eigenständig Verantwortung übernehmen und auf eventuelle Nachlässigkeiten hingewiesen werden. Liebevoll, aber doch bestimmt!

Da kleine Waagen bereits sehr geschickt mit pfiffigen Ausreden sind, sollten Sie sich darauf einstellen und diese nicht durchgehen lassen, selbst wenn Sie sich dabei ein Schmunzeln verkneifen müssen. Aber bis heute ist es noch keiner Katze gelungen, sich selbst die Futterdose zu öffnen!

Fehler eingestehen

Waage-Kinder neigen dazu, mit viel Raffinesse ihre kleinen Fehler und Missgeschicke zu verschweigen oder zu vertuschen. Dies geschieht zwar nicht aus Hintertriebenheit, aber aus der schlichten Absicht, dass sie keinen Ärger haben wollen. Zudem, und dies ist für kleine Waagen fast noch wichtiger, wollen sie ihre Eltern nicht beunruhigen.

Derartige Situationen sollten früh beachtet werden und Eltern wie Erzieher sollten ihr Augenmerk darauf richten. Bei allem Harmoniebedürfnis ist es sehr wichtig für diese Kinder, schon früh zu erkennen, dass es Situationen gibt, für die man geradestehen muss. Dies gilt gerade dann, wenn es unangenehm wird und andere sie vielleicht schief angucken.

Talentförderung

Waage-Kinder zeigen oft schon früh ausgesprochene Begabungen. Dabei kann es sich vor allem um Bereiche wie Tanz oder Malerei handeln. Eine frühe Förderung wird ihnen auf diesen Gebieten erstens Spaß und zweitens Selbstvertrauen für das weitere Leben schenken.

Trägheit überwinden

Ihre Begabung für den Tanz könnte ein wichtiger Schlüssel sein, um die nahezu angeborene Trägheit der Waage zu überwinden und sie zu körperlicher Aktivität anzuregen. Kleine Aktionsgruppen, in der die Waage sich angenommen fühlt, können ein Übriges dazu leisten, um den Bewegungsmangel auszugleichen.

Vorsicht vor zu viel Vertrauen

Waage-Kinder sind äußerst zutraulich und ungemein vertrauensselig. Es wird daher für Eltern und Erzieher keine leichte Aufgabe sein, ihnen die Gefahren der Welt aufzuzeigen.

Es bedarf eines großen Fingerspitzengefühls und großer pädagogischer Geschicklichkeit, um der allen und jedem vertrauenden kleinen Waage zu vermitteln, dass Fremde auch eine Gefahr darstellen können.

Die Waage im Kindergarten

Der Kindergarten ist für Waage-Kinder ungemein wichtig, denn sie sind gerne bereit, sich auf andere Kinder einzulassen. Allerdings sollte man sie gut im Auge behalten, wenn sie mit anderen Kindern Streitigkeiten haben. Sie neigen dazu, stets alle Schuld von sich zu weisen. Hier wäre ein klärendes Gespräch angebracht, das sie zwar nicht in die Schuldecke stellt, aber schlichtend die wirklichen Sachverhalte darstellt. So lernen kleine Waagen, sich selbst objektiver zu betrachten und allmählich auch die eigenen Fehler einzugestehen.

Die Schulzeit

Der Kampf mit der Disziplin

Die Waage ist sehr unabhängig und auch ein wenig eigenwillig und wird sich nur schwer an die Disziplin gewöhnen, die ihr die Schule abfordert. Hier sind die Eltern aufgerufen, klärend und ordnend einzugreifen.

Gerade Waage-Kinder wären gut beraten, schon früh den Umgang mit Disziplin und Selbstbeherrschung zu erlernen. Sie werden in ihrer Schulzeit und im späteren Leben noch eine gehörige Portion davon benötigen.

Waage-Kinder wären, vor allem aus diesen Gründen, in den meisten Fällen in einer Regelschule besser aufgehoben als etwa in einer Montessori-Schule. Der große Freiraum dort würde ihnen in ihrer weiteren Entwicklung möglicherweise eher hinderlich sein. Sie benötigen einen sehr geordneten Tagesablauf und klar vorgegebene Ordnungsstrukturen. Die größere individuelle Freiheit, schon in jungen Jahren gewährt, wäre bei kleinen Waagen möglicherweise zu früh eingesetzt.

Da dies ein sehr vielschichtiges Feld ist, empfiehlt sich aber in jedem Fall die Einzelberatung durch einen erfahrenen Pädagogen. Die Astrologie sollte hier lediglich Hinweise liefern.

Die Waage und ihr Lehrer

Der Lehrer wird für die kleine Waage eine außerordentlich wichtige Bezugsperson sein. Geht er den Unterricht eher langweilig an und ist die Beziehung zu den Kindern vorrangig auf Autorität aufgebaut, wird es die kleine Waage schwer haben.

Reagiert ihr Lehrer dagegen auf humorvolle Art und Weise und begegnet ihr mit Freundlichkeit, wird er schnell das Herz der Waage gewinnen. Sie wird es dann auch weitgehend problemlos akzeptieren, wenn er ihre Faulheit oder Schlamperei nicht durchgehen lässt.

Als Eltern können Sie sich nur dafür einsetzen, dass Ihre kleine Waage ein solches Musterexemplar von Lehrer bekommt. Gerade für sie wäre es besonders wichtig. Ein solcher Pädagoge wird bei der begabten Waage alle Talente entfalten und zur Blüte bringen.

Der künstlerische Zweig

Die künstlerisch meist außerordentlich begabte Waage auf eine rein naturwissenschaftlich ausgerichtete Schule zu schicken, könnte sich als ein schwerer pädagogischer Fehler erweisen. Als Eltern sollten Sie darauf achten, dass der künstlerische Zweig an der Schule Ihrer jungen Waage in ausreichendem Maße beachtet und gefördert wird.

Junge Waagen werden sich in dieser Welt wohlfühlen und können, aus dieser Inspiration und Anregung heraus, auch in vielen anderen Fächern sehr gute Leistungen erzielen.

Das Lernen nicht vergessen

Sie sollten bei Ihrer kleinen Waage Ihr Augenmerk darauf richten, immer frühzeitig zu erfahren, wenn in der Schule wichtige Prüfungen angesetzt sind. In diesem Fall sollten Sie Ihre Waage entschieden dazu anhalten, sich gut und sorgfältig vorzubereiten.

Sie werden früh feststellen, dass Ihre kleine Waage dazu neigt, alle Vorbereitungen bis auf den letzten Drücker hinauszuschieben. Das kann sich verhängnisvoll auswirken; denn trotz ihres ausgesprochen gescheiten Kopfes könnte es der jungen Waage widerfahren, dass sie mit Schrecken von ihren Wissenslücken erfahren muss. Eine ausgesprochen unangenehme Situation für eine junge Waage, wobei eine solche Situation durchaus auch heilsame Wirkungen zeitigen kann!

Waage-Kinder und ihre Spielgefährten

Der Schlichter auf dem Schulhof

Kleine Waagen werden sich nur selten in die Rolle des Außenseiters oder des Einzelkämpfers zurückziehen. Sie sind schon früh sehr gesellige Geschöpfe und suchen sich Spielkameraden. Es fällt ihnen zudem relativ leicht, da sie schon im jugendlichen Alter eine gewisse Liebenswürdigkeit entfalten, der sich andere Kinder nur schwer entziehen können.

Zudem wird ihnen schon früh die Rolle zufallen, bei den unvermeidlichen Streitigkeiten unter Schulkindern die Rolle des Schlichters zu übernehmen. Wenn also im Schulhof eine große Kindertraube die Köpfe zusammensteckt, dürfte die Waage beschwichtigend in der Mitte stehen und engagiert versuchen, beiden Seiten zu ihrem Recht zu verhelfen. Erstaunlicherweise wird meist schon früh das Talent der Waage auf diesem Feld erkannt und ihr ganz natürlich die Rolle des Friedensstifters übertragen.

Brettspiele

Wundern Sie sich nicht, wenn das Waage-Kind schon früh zum Schachbrett greift oder auch andere Brettspiele mit Leidenschaft und Feuereifer betreiben wird.

Kleine Waagen denken erstaunlich taktisch und finden viel Freude am spielerischen Wettstreit, vor allem wenn er auf einer geistigen Ebene ausgefochten wird. Dafür werden Sie weniger Probleme mit ausgekugelten Ellbogen oder Schultern und zerrissenen Hosenbeinen und aufgeschlagenen Schuhen haben. Mit einem jungen Widder hätten Sie da mehr Probleme!

Es gilt hier eher darauf zu achten, keine zu einseitige Begabung zu fördern und die junge Waage auch zur Bewegung und sportlichen Betätigung anzuhalten. Denksport allein ist zu wenig Sport!

Vergeben lernen

Das Thema „Vergebung" ist von zentraler Bedeutung für die Waage. Hier sollten Sie als Eltern oder Freund frühzeitig begleitend und Hilfestellung leistend eingreifen.

Waage-Kinder können nämlich ausgesprochen nachtragend sein. Wenn ihr bester Freund oder ihre beste Freundin eine Tat begangen hat, die sie missbilligen, dann können sie in ihren Augen zu wahren Ungeheuern werden. Natürlich ist dieses Verhalten in keiner Weise von der Wirklichkeit gedeckt.

Sie sollten in solchen Situationen Ihre junge Waage anleiten, dem „Übeltäter" zu vergeben, auch wenn es ihr vielleicht anfänglich schwerfällt. Junge Waagen sollten trotzdem frühzeitig dazu angehalten werden, hier Großmut und Nachsicht zu zeigen. Wahrscheinlich bedarf es zur Entfaltung dieses Charakterzuges Ihrer Unterstützung.

Wenn die Waage aber durch einen Akt des Verzeihens einen Freund fürs Leben gewinnt, wird diese Erfahrung sie bleibend prägen. Der pädagogische Gewinn einer solchen Lebenssituation kann gar nicht hoch genug veranschlagt werden.

Freizeit

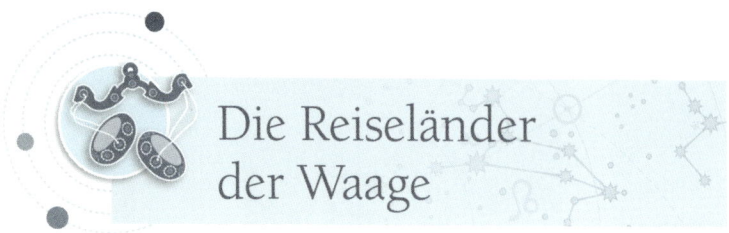

Die Reiseländer der Waage

China

Das „Reich der Mitte" ist ein Land, das die Waage von Jugend an faszinieren wird. Ein Land voller Gegensätze, uralter Traditionen und reicher Kulturschätze.

Der Konfuzianismus, mit seinem Bemühen um den Weg der Mitte, den Weg des Ausgleichs, könnte eine Weltanschauung sein, wie sie nicht typischer für eine Waage sein kann. Zudem ist er eine Philosophie, die auf Stil, Ordnung und Anerkennung bleibender Werte ausgerichtet ist.

Kulturbeflissen, wie die Waage nun einmal ist, findet sie in China an jeder Ecke ein Stück chinesischer Tradition, die uralt und interessant ist.

Die Waage wird sich kaum von China trennen können, denn immer hat sie das Gefühl, unzählige wichtige Dinge noch gar nicht gesehen zu haben.

Oberägypten

Neben China das zweite große Reich der Vergangenheit, das ein riesiges Interesse auf der Seite der Waage findet. Tagelang kann sie um die Pyramiden streichen und durch das weltberühmte Ägyptische Museum wandern. Ihr waches Interesse an der Kultur der Pharaonen wird dabei niemals erlahmen.

Wenn es dann doch einmal zu anstrengend wird, bietet Ägypten genügend exklusive Erholungsmöglichkeiten, um faul in der Sonne zu liegen. Dann aber muss die Waage dringend eine Nilfahrt unternehmen, um weitere Sehenswürdigkeiten zu betrachten. Natürlich wird die Fahrt nicht auf einer primitiven Schiffsschaukel unternommen, sondern, standesgemäß für die Waage, auf einem der großen Luxusliner.

 Ägypten ist groß und die Neugierde der Waage nahezu ungestillt.

Tibet

Wenn schon die Kultur Chinas die Waage außerordentlich fasziniert hat, so trifft dies für Tibet in noch verstärkterem Maße zu.

Tibet ist die Verkörperung des Geheimnisvollen. Eine Welt von Mystik und Magie, welche die Waage einerseits mit einem kleinen Schauer über den Rücken betrachtet, die sie aber andererseits auch außerordentlich fasziniert.

Tibet hat zwar keine Museen zu bieten, dafür ist es selbst ein Museum, sofern es nicht von den Truppen der chinesischen Roten Armee zerstört wurde.

Elsass

Frankreich und die französische Küche werden immer auf das Interesse der Waage stoßen. Hier kann sie auf immer wieder neue kulinarische Köstlichkeiten stoßen, die sie mit Genuss zu sich nehmen wird.

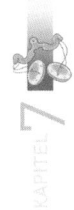

Das Elsass bietet zudem eine vollkommene Kombination von Kultur und Genuss. Hier kann sie erst das Straßburger Münster, den Grünewald-Altar in Colmar und die alten Fachwerkhäuser studieren, ehe sie dann in der Straßburger Altstadt die romantischen Gasthäuser besucht und sich an Gänseleberpastete und Gewürztraminer erfreut.

Im Elsass kommt die Genusssucht der Waage, auch wenn sie immer ein wenig vom Anstand gebremst wird, voll zur Entfaltung.

Eine Waage wird immer wieder gerne ins Elsass zurückkommen, um zu schauen, zu genießen und einzukaufen. Zudem ist das Elsass so herrlich ausgewogen zwischen Weißwein und Rotwein, da muss sich eine Waage nicht entscheiden!

Österreich

Österreich ist ein klassisches Waage-Land. Es ist stets ausgewogen, es ist keiner Seite besonders zugeneigt, es bietet, falls erwünscht, genügend Luxus, es achtet sehr auf den Stil *(Grüß Gott, Frau Hofrat, Herr Geheimrat!)* und es bietet sehr viel Romantik. Was will die Waage mehr?

Wenn die eher etwas abenteuerlustigere Waage nach China und Tibet reist, so wird es sich die eher bedächtige und konservative Waage in Österreich gutgehen lassen. Glücklicherweise hält der blaue Planet Erde für alle Geschmäcker die richtigen Angebote bereit!

Die Waage
und ihre Hobbys

Der Maler

Die Malerei ist eines der künstlerischen Felder, auf denen sich eine Waage zu Hause fühlen wird. Wenn das Talent auf diesem Feld von Jugend an gefördert wurde, kann es eine Waage in der Malerei zu einer beträchtlichen Kunstfertigkeit bringen.

Dabei ist es nicht einmal auszuschließen, dass sehr begabte Waagen aus der Neigung einen Beruf machen.

Sollte dies nicht der Fall sein, werden sie sich auf alle Fälle an Malferien in der Toskana oder auf einer griechischen Insel erfreuen.

Die Musik

Neben der Malerei wird die Musik die zweite Begabung und Leidenschaft der Waagen sein. Auch hier kommt es darauf an, schon früh an die Musik und das Spielen eines Instrumentes herangeführt zu werden.

Eine Waage, die ein Leben lang ein Instrument gespielt hat, wird es auch auf diesem Feld zu einer gewissen Meisterschaft bringen. Da kann es einen geraden Weg vom Schulorchester über die Hausmusikabende bis hin zum städtischen Orchester oder der musikalischen Untermalung der Kleinkunstbühne geben.

Was immer es am Ende sein wird, die Waage wird ihr Leben lang Freude an der Musik haben!

Mode

Nicht weit von den schönen Künsten entfernt angesiedelt liegt der Bereich der Mode. Die ästhetische Waage wird hier ihre Freude am Gestalten und Entwerfen ausleben können.

Auch hier besteht die Möglichkeit, aus dem Hobby allmählich einen Beruf zu machen und mit eigenen Kreationen erfolgreich zu sein.

Sollte es nicht zu einem kleinen Karl Lagerfeld oder einer kleinen Jil Sander reichen, so wäre doch das selbst geschneiderte Faschingskostüm auch schon ein Erfolg!

Die tanzende Waage

Waagen sind ausgesprochen begabte Tänzer. Sie lieben die Ästhetik der Bewegung und das stilvolle Ambiente großer Tanzveranstaltungen.

Naturgemäß wird sich die Sympathie zu verschiedenen Musikrichtungen altersbedingt wandeln, aber die grundsätzliche Freude am Tanzen wird die Waage in keinem Alter verlieren. Ganz abgesehen von der Tatsache, dass die tänzerische Bewegung ihrer Gesundheit außerordentlich zuträglich sein wird.

Schach und Brettspiele

Wie bereits beschrieben, wird die Waage schon von Jugend an eine große Neigung zum Schach und zu Brettspielen ganz allgemein zeigen. Dies wird sich ihr Leben lang fortsetzen und nicht selten in die Mitgliedschaft in einem Schachverein einmünden.

Im Alter wird dann die Waage-Oma oder der Waage-Opa mit den jüngsten Sprösslingen Dame oder Mühle spielen und sie in die Geheimnisse des Schachspiels einführen, falls wieder eine kleine Waage ihren Weg in die Familie gefunden hat.

Die Museumsbesucher

Gäbe es mehr Waagen in der Gesellschaft, so müssten sich die Museen keine Sorgen um ihre Zukunft machen. Die Waagen sind die Museumsbesucher überhaupt!

Es spielt keine Rolle, ob es das Ägyptische Museum in Kairo, der Louvre in Paris oder die Tate-Gallerie in London ist, die Waage wird sie irgendwann ganz sicher einmal besuchen.

Keine bedeutende Kunstausstellung, keine große Ausgrabungspräsentation, die nicht das unersättliche kulturelle Interesse der Waagen weckt. Wenn sie dann noch einen Partner haben, der derselben Leidenschaft frönt, sind sie praktisch ununterbrochen auf Bildungsreise.

Bildungsreisen

Bildungsreisen sind ein weiteres bedeutsames Stichwort für die im Sternzeichen der Waage Geborenen. Sie lieben alle Formen von Bildungsreisen. Es müssen nicht nur die klassischen Museumsbesuche sein, auch Kulturreisen in bestimmte Regionen, wie zu den Gralsschlössern des Königs Artus in Wales oder den Burgen der Hohenstauffen werden die Waagen begeistern.

Lieben werden sie auch Weinreisen ins Bordelais, zu den großen Weingütern, welche die edelsten Flaschen kostbarsten Bordeaux produzieren, oder durch die malerischen Dörfer der Deutschen Weinstraße, wo sie trockene Rieslingweine probieren werden.

Waagen könnten immer auf Reisen sein und ihre Freizeit genießen. Sie sind wahrlich keine Arbeitstiere und werden niemals an Langeweile leiden, da ihre Interessensgebiete so überaus vielfältig sind.

Persönliche Notizen

Der Mond und die Tierkreis- zeichen

KAPITEL 8

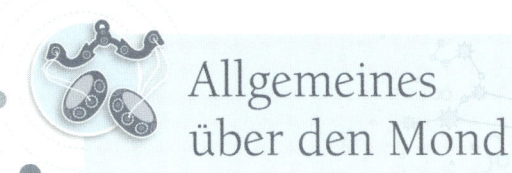

Allgemeines
über den Mond

Der Mond benötigt knapp achtundzwanzig Tage (genau 27,32), um einmal um die Erde zu ziehen. Die gleiche Zeit braucht er, um sich einmal um die eigene Achse zu drehen.

Da der Mond selbst kein Licht abstrahlt, reflektiert er lediglich das Licht der Sonne. So hängen die sogenannten „Mondphasen" (Neumond, abnehmender Mond, Vollmond und zunehmender Mond) von seiner Position zu Erde und Sonne ab.

Wenn man davon spricht, dass z. B. der Mond eines Menschen im Widder steht, so ist damit der Stand des Mondes im Augenblick der Geburt dieses Menschen gemeint. Sie können diese Information Ihrem persönlichen Horoskop entnehmen, das Sie sich von einem Astrologen oder online erstellen lassen, oder aus den gängigen Mond-Tabellen Ihres Geburtsjahres.

Neben dem Mond im persönlichen Horoskop gibt es natürlich noch die Mondphasen des täglichen Erdenlebens. Sie können also den Mond in Ihrem Horoskop im Schützen stehen haben, der heutige Tag dagegen zeigt den Mond in der Jungfrau. Sie können den täglichen Stand des Mondes leicht anhand der vielen Mond-Tabellen für das laufende Jahr ablesen.

Wer hat nicht schon einmal eine schlaflose Vollmondnacht verbracht oder anderweitig den Einfluss des Mondes gespürt? Wenn man etwa Kartoffeln an Tagen erntet, an denen der Mond im Stier steht, wird man feststellen, dass diese länger als im Vorjahr eine glatte Haut bewahren. Es empfiehlt sich zudem in Gesundheitsfragen, etwa bei anstehenden Operationen, den Stand des Mondes zu beachten. Es wäre durchaus ratsam, einen anstehenden Zahnarzttermin um ein paar Tage zu verschieben!

Im nachfolgenden Text wird zuerst der Mond im Horoskop behandelt, danach der Einfluss des Mondes im täglichen Leben. So ist beides leicht zu unterscheiden.

🐎 Der Mond im Widder

Unter dieser Konstellation finden wir Menschen, die mit ihrer ehrlichen Meinung nicht „hinter dem Mond" halten. Es sind die entschlossenen, mutigen Menschen, die ihre Unabhängigkeit sehr schätzen.

Allerdings kann es ein Problem mit ihrer Gereiztheit geben. Sie reagieren auf ein unglücklich gewähltes Wort schon einmal mit einem spontanen Wutausbruch.

Menschen mit einem Mond im Widder können, wenn sie unglücklich sind, eine unangenehme sarkastische Neigung entwickeln.

Frauen, die einen Mond im Widder haben, können starke männliche Anteile aufweisen, auch wenn es sich nicht gleich um militante Blaustrümpfe handeln muss!

Im täglichen Leben

♎ Wenn der Mond im Widder steht, sind die Menschen häufig gereizter als normalerweise. Auch im Straßenverkehr tippt der Finger öfter an die Stirn als an anderen Tagen. Zudem ist Vorsicht an Kreuzungen angesagt!

⌒ Obwohl in der Regel an solchen Tagen die Dinge leichter von der Hand gehen, sollten Sie sich vor Stress hüten. In diesem Fall wären Kopfschmerzen vorprogrammiert.

⌒ Mit dem Mond im Widder haben Sie die Chance schlechthin, bei Ihrem Chef wegen einer Gehaltserhöhung vorstellig zu werden. Vorwärts – dem Mutigen gehört die Welt!

⌒ Hegen Sie einen Kinderwunsch? Die Wahrscheinlichkeit, dass ein heute gezeugtes Kind ein Junge wird, ist sehr groß!

⌒ Wenn Sie gerne im Garten arbeiten, sollten Sie jetzt die Bäume beschneiden; auch das Düngen von Gemüse kann auf keinen besseren Zeitpunkt fallen. Gemüse, das schnell geerntet werden soll, stecken Sie am besten heute in die Erde. Vor allem die Tomaten sollten Sie unbedingt dann setzen, wenn der Mond im Widder steht.

Der Mond im Stier

Die treuesten Seelen haben ihren Mond im Stier. Diese Menschen lieben die Behaglichkeit und Ruhe, denn sie sind unbedingt wichtig für ihren Seelenfrieden. Es sind sinnliche Ästheten, die allerdings ihre gewohnten Lebensrhythmen benötigen. Sie werden gerne verwöhnt, aber sie verwöhnen auch gerne andere. Sie haben eine feine Nase und die guten Düfte regen den Appetit an. Daher sind Menschen mit dem Mond im Stier nicht selten übergewichtig.

Der Stier ist ein Gewohnheitstier und Menschen mit dem Mond im Stier neigen zu ausgeprägten

Gewohnheiten, die manchmal in einer ermüdenden Monotonie und Langeweile enden können. Dann werden sie richtig schwerfällig.

Im täglichen Leben

☌ Wenn der Mond im Stier steht, beherrschen die langsamen Tätigkeiten den Tagesablauf. Es wird um Dinge gehen, die eine lange Ausdauer erfordern. Dafür werden Sie sich harmonisch und ausgeglichen fühlen, was die Arbeit erleichtert.

☌ Steht der Mond im Stier, sollten Sie keine Mandel- oder Halsoperationen vornehmen lassen. Es würde Ihnen nicht gut bekommen!

☌ Wollen Sie ein neues Haus kaufen oder einen Mietvertrag unterschreiben, dann warten Sie besser, bis der Mond den Stier wieder verlassen hat. Sie könnten sich viel Ärger ersparen!

☌ Hegen Sie einen Kinderwunsch? Ein heute gezeugtes Kind wird wahrscheinlich ein Mädchen.

☌ Ruft Sie der Garten, sollten Sie jetzt dem Ungeziefer im Erdreich auf die Pelle rücken. Heute könnten Sie den Biestern richtig zusetzen!

👯 Der Mond in den Zwillingen

Kennen Sie nicht auch jemanden in Ihrem Freundeskreis, dessen Redefluss kaum zu stoppen ist? Die Chancen stehen gut, dass er seinen Mond in den Zwillingen hat. Solche Menschen benötigen einen regen Gedanken- und Gefühlsaustausch und geraten immer wieder in Situationen, die sie äußerst anregend finden.

Mit dem Mond in den Zwillingen haben wir einen vielseitigen, spritzigen und unternehmungslustigen Menschen vor uns, der immer wieder auch Schwung ins Leben anderer Menschen bringen kann. Gelegentlich wird Menschen mit dieser Konstellation unterstellt, sie seien oberflächlich; aber Sie werden kaum einen interessanteren Gesprächspartner finden.

Wenn Sie dringend eine Nachricht übermitteln müssen, das Telefon aber dauernd besetzt ist, dann quasselt am anderen Ende der Leitung ein Zwillings-Mond. Fassen Sie sich in Geduld, es kann lange dauern!

Im täglichen Leben

- ⌒ Es ist die richtige Zeit, um neue Kontakte zu knüpfen. Wollten Sie nicht schon immer die netten neuen Nachbarn zum Essen einladen? Vielleicht sollten Sie auch etwas Lustiges, Ungewöhnliches für den Abend planen. Wie wäre es mit einem aufregenden Blind-Date?
- ⌒ Sie können mit dem Mond in den Zwillingen aber auch zu Hause Ihren Studien nachgehen. Die Zeit dafür ist günstig.
- ⌒ Auch Briefe, die schon lange auf eine Antwort warten, könnten jetzt in Angriff genommen werden.
- ⌒ Hegen Sie einen Kinderwunsch? Ein heute gezeugtes Kind wird vermutlich ein Junge!
- ⌒ Im Garten sollten Sie jetzt rankende Pflanzen säen.
- ⌒ Ist Hausputz angesagt, werden die Fenster heute mehr glänzen als sonst, obwohl die ganze Sache scheinbar mühelos abläuft. Lassen Sie sich jetzt nicht stoppen; es ist die richtige Zeit, um wieder einmal die ganze Wohnung kräftig durchzulüften.

 # Der Mond im Krebs

Die Krebs-Monde kennzeichnen die ganz zart besaiteten Wesen des Tierkreises. Sie nehmen alle Einflüsse auf wie ein feuchtes Tuch. Es sind Menschen mit einer ausgeprägten Feinfühligkeit, die aber gepaart ist mit außerordentlicher Launenhaftigkeit.

Mit dem Mond im Krebs braucht es enorm viel Geborgenheit, sonst gibt es Probleme. Mit dieser Konstellation kann es auch eine starke Furcht vor dem Unbekannten geben, und daraus entstehend eine gewisse Unbeweglichkeit.

Menschen mit dem Mond im Krebs sind ausgesprochen liebevoll und lesen ihren Mitmenschen alle Wünsche von den Lippen ab. Allerdings können sie sich auch stark anklammern und festhalten.

Im täglichen Leben

⌒ Heute sollten Sie Besuch einladen und ihn verwöhnen, er wird es Ihnen danken. Servieren Sie aber kein schweres Essen, denn an diesen Tagen ist der Magen sehr empfindlich!

⌒ Lassen Sie die Seele baumeln, denn es ist nicht unbedingt die Zeit, um Bäume auszureißen und Berge zu versetzen. Es ist besser, Sie widmen sich Ihrer Familie.

⌒ Sollten Sie sich jetzt einsam fühlen, nehmen Sie sich selbst nicht zu ernst, in wenigen Tagen oder Stunden schaut die Welt schon wieder ganz anders aus; denn es ist keine schlechte Zeit für den Beginn einer neuen romantischen Liebe. Allerdings sollten

Sie sich vor zu großer Empfindlichkeit hüten. Dafür ist später auch noch Zeit!

☄ Hegen Sie einen Kinderwunsch? Es wird ein Mädchen.

☄ Sollten Sie nicht gerade dem Hausputz frönen, packen Sie Ihre Sachen, gehen schwimmen und anschließend in die Sauna, es ist genau der richtige Zeitpunkt für solche Aktivitäten.

☄ Und weil wir schon bei den feuchten Aktivitäten sind: Heute ist ein guter Waschtag. Die hartnäckigen Flecken können Sie heute endlich entfernen!

Der Mond im Löwen

Die Löwe-Monde sind die Menschen mit dem sonnigen Gemüt. Sie können jugendlich verspielt sein; und sie sind großzügig in allen Lebensbereichen. Sie sollten aber beachten, dass diese Menschen im Mittelpunkt stehen wollen, das ist für sie sehr wichtig!

Sie strahlen viel Herzenswärme aus und verfügen über einen angeborenen Beschützerinstinkt. Sie werden auch feststellen, dass die Löwe-Monde ganz automatisch eine Führungsrolle einnehmen und sich damit ganz prächtig fühlen. So wollen sie es haben! Für ihre Mitmenschen allerdings ist dieses „Ich-bin-so-toll"-Gefühl und die Arroganz der Löwe-Monde nicht immer leicht zu ertragen.

Im täglichen Leben

☄ Munter hinein ins Vergnügen! Feste, Partys und sportliche Aktivitäten werden unter dieser Konstellation großgeschrieben. Sie sollten allerdings darauf achten, es nicht zu übertreiben. Es gibt

Seitensprünge, die einem später Kopfschmerzen bereiten!

◠ Wenn Sie unter das Messer müssen, dann heute besser keine Herzoperationen. Überhaupt sollten Sie bei dieser Mond-Konstellation auf Herz und Kreislauf achten!

◠ In Ihrem Umfeld können Sie heute Ihre Kompetenz beweisen. Stellen Sie also gerade heute Ihr Licht nicht unter den Scheffel!

◠ Wenn Sie ausgehen wollen, wären Oper oder Theater die erste Wahl.

◠ Hegen Sie einen Kinderwunsch? Es wird ein Junge.

◠ Und nicht vergessen: heute Körperpflege betreiben und vor allem Haare schneiden. Vom Ergebnis werden Sie überwältigt sein!

🌙 Der Mond in der Jungfrau

Die Ordnung hält Einzug. Es findet sich Systematik und sorgfältige Planung in allen Lebensbereichen.

Menschen mit dem Mond in der Jungfrau zählen zu den „Dienern des Lebens". Sie betrachten andere und stellen fest, dass sie selbst nur an zweiter Stelle stehen. Manchmal kommt dann Neid auf, aber letztlich siegt die Vernunft.

Unter dieser Konstellation kann es zu einer gewissen Kritiksucht kommen, die äußerst unangenehm auf die Mitmenschen wirkt.

Zudem kommen die Jungfrau-Monde mit einer gewissen distanzierten Kühle daher, was sie etwas unnahbar wirken lässt. Oft findet sich dahinter aber eine große Tiefe und Gefühlsintensität. Wenn sie sich

öffnen könnten und spontaner wären, würde sich das Leben von einer leichteren Seite zeigen.

Im Körper können sich die Eingeweide und die Nerven melden – es ist dann Zeit zum Entrümpeln der Psyche. Frisch und mutig an die Arbeit!

Im täglichen Leben

- ☋ Es ist wahrlich nicht der Tag für die romantischen Treffen bei Kerzenschein. Der Besuch bei der alten Tante im Altersheim ist angesagt – sie wird es Ihnen danken.
- ☋ Besser, Sie schaffen heute Ordnung oder belegen einen Kochkurs, denn es ist nicht die Zeit für spontane Einfälle! Wartet nicht schon lange Ihre Steuererklärung auf Sie?
- ☋ Hegen Sie einen Kinderwunsch? Es wird ein Mädchen.
- ☋ Der Tag eignet sich drinnen zum Haareschneiden und draußen zum Balkonpflanzensetzen. So ist die Zeit gut genutzt!

♎ Der Mond in der Waage

Die Zeit der Aussöhner und Schlichter ist gekommen! Die Waage-Monde sind geradezu süchtig nach Harmonie. Bei Streiks sollten grundsätzlich nur Schlichter mit einem Waage-Mond zugelassen werden!

Im Körper kann es bei dieser Mond-Stellung zu starken Hautreaktionen kommen, auch die Nieren sollten im Auge behalten werden.

Es sind Menschen, die der Schönheit sehr zugeneigt sind. Häufig finden wir hier auch äußerst begabte

Künstler, die allerdings Schwierigkeiten haben, sich genau festzulegen. Die Waage pendelt immer hin und her. Waage-Monde müssen lernen, sich zu entscheiden und Abhängigkeiten zu vermeiden.

Im täglichen Leben

- ♎ Gehen Sie Ihren gesellschaftlichen Interessen nach und genießen Sie das Leben. Es ist die richtige Zeit für einen Stadtbummel.
- ♎ Heute ist das Selbstbewusstsein etwas schwach ausgeprägt und Entscheidungen fallen Ihnen schwerer als sonst. Warten Sie einfach, bis der Mond in den Skorpion wechselt. So lange dauert das ja nicht!
- ♎ Verschönern Sie inzwischen Ihre Wohnung. Sie werden sie selbst nicht wiedererkennen.
- ♎ Wenn Sie nach draußen gehen oder im Haus herumrennen, vergessen Sie die warmen Socken nicht, Ihre Blase wird es Ihnen danken!
- ♎ Hegen Sie einen Kinderwunsch? Es wird ein Junge.

Der Mond im Skorpion

Die Skorpion-Monde haben ein ausgeprägtes Durchsetzungsvermögen, das bis zur Rücksichtslosigkeit gehen kann. Sie sind entschlossen und bevorzugen große Unabhängigkeit in ihrem Gefühlsleben. Es sind oft sehr verschlossene Menschen, die aber durch ihr Wesen die Belastbarkeit und Gefühlswelt ihrer Mitmenschen prüfen. Sie können gar nicht anders; und sie kennen dabei keine Grenzen.

Mit dem Mond im Skorpion haben Sie die Gabe, unbewusst die Fehler Ihrer Mitmenschen zu erfühlen und direkt zur Sprache zu bringen. Das macht Sie nicht unbedingt zu jedermanns Liebling!

Die Skorpion-Monde sind faszinierende, geheimnisvolle Menschen, die man nie ganz versteht. Daher kommt der Ausdruck vom Skorpion-Blick, der tief in die Seele zu schauen scheint. Aber man kann nicht in die gleiche Tiefe zurückschauen!

Im täglichen Leben

⚍ Haben Sie bestimmte Gefühle lange verdrängt, so kommen diese an Skorpion-Tagen an die Oberfläche und machen Ihnen und anderen zu schaffen. Trotzdem können Sie heute alle anstrengenden Arbeiten gut erledigen.

⚍ Achtung: Heute ist alles explosiver als sonst – auch im Bett!

⚍ Skorpion-Tage sind gut für Füllungen beim Zahnarzt, wobei es möglichst zunehmender Mond sein sollte! Auch die Dauerwelle hält heute einfach länger und strapaziert die Haare weniger. Es sollte sich ebenfalls möglichst zunehmender Mond am Himmel zeigen.

⚍ Hegen Sie einen Kinderwunsch? Es wird ein Mädchen.

⚍ Im Garten reagieren die Pflanzen an diesen Skorpion-Tagen besonders gut auf den Dünger; allerdings sollte dabei abnehmender Mond sein.

 Der Mond im Schützen

Menschen mit dieser Mondstellung suchen nach dem Sinn des Lebens. Sie sind erfüllt von einem ausgeprägten Idealismus und für die „wahre" Sache setzen sie sich mit allen Kräften ein. Sie fühlen sich in der Welt der Philosophie zu Hause.

Darüber hinaus verfügen sie über die Fähigkeit, andere durch ihren Idealismus mitzureißen, ohne dabei auf ihre Überredungskünste zurückgreifen zu müssen. Sie überzeugen einfach durch ihr Dasein!

Es sind freie Seelen, denn die Freiheitsidee ist ihnen schon in die Wiege gelegt worden! Manchmal sind ihre Höhenflüge allerdings unrealistisch; doch ohne sie könnten die Schützen-Monde einfach nicht leben.

Im täglichen Leben

☖ Wenn Sie eine interessante Kurzreise planen – jetzt ist der richtige Zeitpunkt. Auch für schwierige Gespräche ist jetzt ein guter Zeitpunkt, denn Toleranz ist angesagt. Wollten Sie nicht schon lange Ihre „geliebte" Schwiegermutter anrufen?

☖ Hüten Sie sich vor zu großen Versprechungen; denn wenn der Mond in den Steinbock wandert, schaut die Welt schon wieder ganz anders aus!

☖ Es ist ein Tag, um nach innen zu gehen und über die großen Lebensfragen zu meditieren. Heben Sie aber bitte nicht ab!

☖ Vielleicht wollen Sie sich auch um einen neuen Job bemühen oder nur eine Gehaltserhöhung fordern – heute ist Ihr Tag!

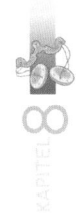

≏ Wenn Ihnen nichts anderes einfällt, dann gehen Sie einfach wieder einmal ins Museum oder rufen einen vernachlässigten Freund an. Dann ist die Zeit genutzt.

≏ Hegen Sie einen Kinderwunsch? Es wird ein Junge.

≏ Im Garten sollten Sie, bei abnehmendem Mond, den Rasen mähen oder das Gemüse düngen.

Der Mond im Steinbock

Menschen mit dieser Mondstellung unterliegen einem inneren Ehrgeiz, der sie einem starken Druck aussetzt. Sie legen an sich selbst enorm strenge Maßstäbe an, denen sie dann manchmal selbst nicht gewachsen sind. Sie wirken unnahbar, da sie ihr Gefühlsleben sehr stark kontrollieren. Es handelt sich bei dieser Konstellation um Einzelkämpfer, die allein sich selbst Vertrauen schenken. Ihre Gefühlswelt scheint gar nicht zu existieren, daher wirken sie auf andere kalt und fast wie erstarrt.

Für Steinbock-Monde wäre es lebenswichtig, aus einer selbst angelegten Zwangsjacke auszubrechen und sich zu befreien!

Im täglichen Leben

≏ Wollen Sie eine Lebensversicherung abschließen, so ist diese Mondstellung eine hervorragende Ausgangslage.

≏ Es ist nicht gerade eine Zeit für ausgelassene Feste, Pflichten sind eher angesagt. Da aber gegenwärtig die persönlichen Wünsche und Sehnsüchte ohnehin nicht im Vordergrund stehen, lässt sich alles bewältigen. Zudem wird man an diesen Steinbock-Mondtagen ohnehin nicht leicht unter Ermüdung leiden.

⚖ Haut und Nägel sollten bei abnehmendem Mond gepflegt werden, auch die Zahnreinigung wäre keine schlechte Geschichte. Ab zum Zahnarzt!

⚖ Hegen Sie einen Kinderwunsch? Es wird ein Mädchen.

⚖ Im Garten ist Unkrautjäten bei abnehmendem Mond angesagt; bei zunehmendem Mond sollte dagegen umgetopft werden!

🏃 Der Mond im Wassermann

Hier treffen wir die Weltverbesserer, denn die Menschen mit dem Mond im Wassermann sind mit einem starken Gerechtigkeitssinn ausgestattet. Freiheit ist die Grundstimmung, die ihr Leben prägt und auf der sie alle Aktivitäten aufbauen. Sie schneiden die alten Zöpfe ab und leiten Reformen ein.

Es können ruhelose Geister sein, die innerlich ständig angetrieben werden und auf der Suche nach der Wahrheit sind. Ihre rastlose Suche lässt sie aber Ideen für eine neue Zeit entwickeln. Darunter kann dann auch schon einmal eine „verrückte" Idee sein.

Mit dem Mond im Wassermann sind Sie ständig auf Achse. Langeweile und Eintönigkeit bringen Sie um! Sie brauchen das Ungewöhnliche zum Leben.

Durchblutungsstörungen und Kreislaufprobleme sollten Sie bei dieser Mond-Stellung ernst nehmen!

Im täglichen Leben

♎ Es ist die Zeit für Teamarbeit! Gemeinsame Ideen können ein fantastisches neues Projekt auf den Weg bringen.

♎ Vielleicht wollen Sie aber auch nur den Keller entrümpeln oder die Fenster putzen. Bei abnehmendem Mond wären das die richtigen Aktivitäten!

♎ Joggen oder Tanzen könnten Ihnen auch zusagen, denn die Energie stimmt!

♎ Bei zunehmendem Mond können Sie auch an die neuen Zahnfüllungen denken. Jetzt passen sie!

♎ Hegen Sie einen Kinderwunsch? Es wird ein Junge.

♎ Im Garten können Sie bei Vollmond und bei abnehmendem Mond die Blumen düngen.

 Der Mond in den Fischen

Menschen mit einem Fische-Mond zeichnen sich durch eine liebevolle Aura aus, die es anderen Menschen erleichtert, ihnen Vertrauen zu schenken. Sie strahlen Freundlichkeit und Hilfsbereitschaft aus, die gerne in Anspruch genommen werden.

Es sind tiefe Seelen, deren unergründliche Seelenwelten von der Außenwelt oft nicht erkannt werden, da sie sich ganz in ihrer eigenen Welt abspielen. Der innere Ozean der Fische-Menschen!

Unter allen Mond-Typen sind sie die feinfühligsten, daher haben sie die größten Probleme mit dem Leiden anderer. Ähnlich den Krebs-Monden können sie sich nur schwer abgrenzen.

Manchmal versäumen sie vor lauter Träumerei das „richtige" Leben. Sie müssen Boden unter den Füßen fassen und ihr Selbstvertrauen verbessern.

Im täglichen Leben

⌒ Das große Gefühl ist angesagt. Nehmen Sie sich ausreichend Taschentücher und schauen Sie sich im Kino die großen Liebesschnulzen an. Es ist die richtige Zeit, um sich total auszuheulen!

⌒ Instinkte und Gefühle bestimmen in diesen Tagen alles Leben, und Sie werden auch spüren, wenn jemand Ihre Hilfe benötigt. Heute können Sie diese ganz mühelos verschenken.

⌒ Entspannungsübungen und Massagen werden sich jetzt als besonders wirksam erweisen.

⌒ Waschen und Saunabesuche sind bei abnehmendem Mond anzuraten; auch ein Zahn könnte, wenn es denn sein muss, jetzt gezogen werden.

⌒ Hegen Sie einen Kinderwunsch? Es wird ein Mädchen.

Berühmte
Waagen

KAPITEL9

Berühmte Frauen

Brigitte Bardot (geb. 28.9.1934)

Das berühmteste Sex-Symbol der Fünfziger- und Sechzigerjahre des vorigen Jahrhunderts. Dabei ist vielen ihrer Bewunderer (oder ihrer Gegner) gar nicht bewusst, auf wie vielen sozialen Feldern die große französische Schauspielerin engagiert war und ist. Ihr Kampf gegen den brutalen Mord an kleinen Robbenbabys stellt dabei nur eine von vielen Leistungen dar.

Doris Lessing (geb. 22.10.1919)

Eine der bedeutendsten Autorinnen deutscher Sprache. Eine Schriftstellerin, die mit großer Genauigkeit beobachtete und die verborgenen Hintergründe des Menschen entschlüsselte, dabei immer bemüht, Unterschiede zu verstehen und Toleranz zu vermitteln.

Margaret Thatcher (geb. 13.10.1925)

Eine der energischsten Waagen der politischen Szenerie der Neuzeit. Es wäre interessant zu studieren, welche Kindheit die unbeugsame englische „Lady Thatcher" gehabt hat. Sie war nicht selten totalitär in ihren politischen Ansprüchen, sarkastisch und ausgesprochen dickschädelig. Eine Generation kontinentaler Politiker, von Washington bis Bonn, von Brüssel bis Wien, hat sich an ihr die Zähne ausgebissen.

Catherine Deneuve (geb. 22.10.1943)

Es scheint, als wäre Frankreich besonders mit zauberhaften Waage-Frauen gesegnet. Die Deneuve kann zweifelsfrei als die Inkarnation von Stil und Ästhetik in der Welt des Films angesehen werden. Ob frivol und mit einem Doppelleben wie in „Belle de Jour" oder dramatisch wie in „Indochina", immer spielt die Deneuve eine große Dame – sich selbst!

Berühmte Männer

George Gershwin (geb. 26.9.1898)

Der große Komponist, Schöpfer zahlloser unvergänglicher Melodien, kann als Zeichen für die vollendete Entfaltung der musikalischen Begabung der Waage gesehen werden. Noch viele Generationen werden sich an seiner Musik erfreuen, die er mit leichter Hand komponierte.

Luciano Pavarotti (geb. 12.10.1935)

Eine weitere Inkarnation der musikalischen Waage war dieser große italienische Sänger. Bei seinen Arien schmolzen die Herzen seiner Zuhörer überall auf der Welt.

Arnold Böcklin (geb. 19.10.1827)

Der große Maler des Geheimnisvollen, der Deutsch-Italiener, der so überaus den Werten der Antike und dem Ideal der Schönheit und Ästhetik verbunden war. Er drückte in seinem Lebenswerk in einmaliger Weise die malerische Begabung der Waage aus. Selbst der Tod wird in seinem Meisterwerk *(Die Toteninsel)* noch ästhetisch verklärt.

Mahatma Gandhi (geb. 2.10.1869)

Eine der größten Persönlichkeiten aller Zeiten und nicht umsonst Mahatma (große Seele) genannt. Die Verkörperung von Menschlichkeit, Güte und grenzenlosem Verzeihen. Ein Mann von unbeschreiblich charismatischer Ausstrahlung, der selbst in seinem schlichten Leinengewand vollendete Ästhetik und geistige Würde ausstrahlte.

Er zählt zu den bedeutendsten Waage-Persönlichkeiten der Menschheitsgeschichte!

Die Autoren

Petra Michel (Sternzeichen: Krebs, Aszendent: Löwe, Mond: Skorpion). Physikstudium, danach führende Stellung in der deutschen Industrie. Langjähriges Astrologiestudium, unter anderem bei Huber und Claude Weiss. Heute Leiterin eines Verlages in den USA.

Annette Wagner (Sternzeichen: Krebs, Aszendent: Schütze, Mond: Zwillinge). Eurythmiestudium, danach Tätigkeit in der Wirtschaft. Langjähriges Astrologiestudium. Seit vielen Jahren Prokuristin in der Verlagsindustrie.

Dr. Peter Michel (Sternzeichen: Krebs, Aszendent: Löwe, Mond: Schütze). Studium der Philosophie, Theologie und Religionswissenschaft, danach Gründung des Aquamarin Verlages. Autor zahlreicher Sachbücher zu den Themen Mystik und Esoterik.

© 2011 Kristall s.r.o.

Genehmigte Lizenzausgabe
tosa GmbH
Industriestraße 19
64407 Fränkisch-Crumbach 2016
www.tosa-verlag.de

Layout, Satz und Umschlaggestaltung:
designcat GmbH

ISBN 978-3-86313-116-6

Bildnachweis
Shutterstock: ARCHI-
TECTEUR 20, 21, 27, 32,
37, 42, 46, 49, 52, 58, 63,
67, 71, 83, 85, 90, 91, 93,
95, 102, 103, 106, 108, 110,
114, 121, 123, 128, 131,
138, 156, 158/KUCO 107/
MaraQu Cover/marris-
huanna Cover Front, 4, 6,
10, 8, 12, 14, 16, 19, 20–22,
24, 26–28, 30, 32, 34,
36–38, 41, 42, 44, 46, 48,
49, 50, 52, 54, 57, 58, 60,
62, 63, 64, 66–68, 70–72,
74, 76, 78, 80, 82–86, 89,
90–96, 98, 101–104, 106,
108, 110, 113, 114, 116,
118, 120–124, 127, 128,
130–132, 134, 137, 138,
140, 142, 144, 146, 148,
150, 152, 155, 156, 158/
Photosani 1, 18, 40, 56,
88, 100, 112, 126, 136, 154/
pixelparticle 2/PPVector
139–147, 149–152/Tatiana
Kost94 157